DIE REIHE
Archivbilder

INNSBRUCK

MENSCHEN UND BILDER

Blick von Hötting Richtung Süden um 1950: Das ehemalige Gartenhaus, dessen Kern auf das 15. Jahrhundert zurückgeht, gehört zum Ansitz Lichtenthurn in der Schneeburggasse. Links zu sehen ist die steil abfallende, noch ungepflasterte Kirschentalgasse und der noch nicht überbaute Höttinger Bach.

DIE REIHE
Archivbilder

INNSBRUCK

MENSCHEN UND BILDER

Josefine Justic, Roland Kubanda und Lukas Morscher

Veröffentlichungen des Innsbrucker Stadtarchivs,
Neue Folge Bd. 26

SUTTON
VERLAG

Sutton Verlag GmbH
Hochheimer Straße 59
99094 Erfurt
www.suttonverlag.de

ISBN 978-3-89702-362-8

Druck: Books on Demand GmbH, Norderstedt, Deutschland

Umschlagbild: *Der Friede von St. Germain (1919), verbunden mit dem Verlust von Südtirol und der großen wirtschaftlichen Not der Nachkriegsjahre, hat weite Teile der Tiroler Bevölkerung an ein Weiterbestehen Nord- und Osttirols zweifeln lassen. Der Anschlussgedanke an Deutschland, vorwiegend von wirtschaftlichen Gründen getragen, war bald ausdrücklicher Wunsch in vielen Köpfen. Höhepunkt dieser Bestrebungen war eine Anschluss-Volksabstimmung am 24. April 1921. Am Tag zuvor wurde in Innsbruck eine große Abschlusskundgebung organisiert, die vom Rennweg (Stadttheater, heute Landestheater) ausgehend durch die Maria-Theresien-Straße bis zur Triumphpforte zog.*

Gemeinsames Mittagessen im Kindergarten in den Baracken des Lagers Reichenau 1948 während eines Besuches von Bürgermeister Anton Melzer.

Inhaltsverzeichnis

Um 1900 war es offenbar noch möglich, im Stadtteil Saggen auszureiten. Eine sportliche Frau, vermutlich Frau Alma Kuen, im Damensattel tat dies hier offensichtlich nicht ohne Stolz. Im Hintergrund ist die Fassade des Gebäudes der Bundesbahndirektion zu sehen und der Mann am Zaun ist wohl Oberstleutnant Franz Foltin.

Einleitung

Innsbruck ist eine bekannte Stadt. Viele Menschen kennen sie als zweifache Olympiastadt mit idyllischem Blick von der mittelalterlichen Altstadt mit ihrem Wahrzeichen, dem „Goldenen Dachl", in die meist postkartengerecht verschneite Kulisse der Nordkette. Dieses Klischee ist wohlgepflegt und in zahlreichen historischen Bildbänden auch bereits aufgearbeitet worden. Dieses Buch jedoch hat es sich zur Aufgabe gesetzt, die Stadt und vor allem ihre Bewohner unter einem anderen Blickwinkel zu zeigen: Nicht das „Goldene Dachl" und die Sicht der Touristen, sondern das oft schwierige tägliche Leben der Menschen ist Gegenstand der folgenden Seiten. Etwa 200 beinahe zur Gänze unveröffentlichte Bilder von Plätzen, Märkten, Häusern und Veranstaltungen sollen zeigen, wie beschwerlich aus heutiger Sicht das Leben noch vor wenigen Jahrzehnten war. Es entstand ein „Bilderbuch" über Innsbruck, in dem das „Goldene Dachl" einmal keinen zentralen Platz einnimmt.

Das Team des Stadtarchivs Innsbruck hat gemeinsam eine kleine Auswahl aus den hauseigenen fotografischen Schätzen getroffen, um den bisher wenig beachteten alltäglich-menschlichen Aspekt der Stadt zu beleuchten. Die Rechte an allen Bildern liegen beim Stadtarchiv.

Die Fotos zeigen das historische Innsbruck und seine später hinzu gekommenen Stadtteile etwa während des Zeitraums von 1870 bis 1955. Sie umfassen den Beginn des Tourismus durch die neu erbaute Eisenbahn, den Wandel der umliegenden Dörfer in Teile der Stadt, die beiden Weltkriege, wie auch die politischen Wirren der Zwischenkriegszeit und schließlich die ersten Jahre der Zweiten Republik.

Das Buch ist in sechs Kapitel unterteilt, die keineswegs Anspruch auf Vollständigkeit erheben wollen und können: Das Kapitel „Wandel und Veränderung" behandelt neben den älteren Stadtteilen die einst eigenständigen Dorfgemeinden, die in der ersten Hälfte des 20. Jahrhunderts Teil des Stadtgebietes wurden. Die administrative, bauliche und soziale Veränderung wird in diesem Kapitel deutlich: Aus ländlichen Dörfern werden moderne Stadtteile.

Dem „Zeitgeist" und der „Politik" ist ein weiterer Abschnitt gewidmet. Vor allem der Phase zwischen den beiden Kriegen mit ihren politischen Ver(w)irrungen, ihrem Schwanken zwischen ideologischen Extremen, wird breiter Raum eingeräumt. Gesellschaftliche Zersplitterung bis hin zu bürgerkriegsähnlichen Zuständen zeigen die Orientierungslosigkeit und zunehmende Radikalisierung dieser Zeit. Das Ende des Zweiten Weltkrieges stellte zugleich den Beginn einer dauerhaften demokratischen Ordnung dar.

Das zentrale Ziel dieses Buches ist die Beleuchtung dessen, was wir als „Innenleben einer Stadt" bezeichnet haben. Darunter verstehen wir die Infrastruktur, den Verkehr und die Mobilität sowie den Bereich Handel und Gewerbe. Der Wandel, den die Stadt im behandelten Zeitraum durchgemacht hat, wird anhand dieser Aufnahmen deutlich: Die Kanalisierung der Altstadt, der Bau neuer Brücken und Bahnen, aber auch Gewerbezweige und Handwerke, die heute völlig verschwunden sind, werden ebenso dargestellt wie neue, heute noch bestehende Verkehrsmittel, so etwa die Nordkettenbahn.

Ein bisher in vergleichbaren Publikationen kaum behandeltes Thema ist das Leben der Frauen und ihre Leistungen für das Wohl der Landeshauptstadt und ihrer Bewohner. Die Bandbreite der Darstellungen reicht hierbei von ihren Funktionen im sozialen und sportlichen Umfeld bis hin zum Arbeitsleben. Einige Fotos lassen überdies auf das Selbstbewusstsein der damals lebenden Innsbruckerinnen schließen und bestätigen, dass es auch früher schon starke Frauenpersönlichkeiten in unserer Stadt gegeben hat.

Der Begriff der Kultur wird von uns sehr weit gefasst: Neben Schauspiel, Musik und traditionellen Brauchtumsveranstaltungen als zentralen Themen wird auch Bildung und Forschung in diesem Kapitel behandelt. Die ernsten Herren des städtischen Orchesters blicken ebenso in die Linse des Fotografen wie die Mittelschüler der Studentenverbindung. Die Leserin/der Leser wird sicherlich Verständnis dafür aufbringen, dass das kulturelle Schaffen der Bewohnerinnen und Bewohner Innsbrucks in dieser Kürze nur sehr unzureichend wiedergegeben werden kann.

Zum Schluss zeigen wir eine Auswahl interessanter Bilder zur Innsbrucker Bergwelt und zu den Anfängen ihrer Erschließung. Die heute noch beliebten Ausflugsziele an den Hängen der Nordkette und die ersten mondänen Hotels in der Stadt geben Zeugnis vom beginnenden Massentourismus. Schon lange vor den Olympischen Winterspielen der Jahre 1964 und 1976 gab es auf den Abfahrten im Raum Innsbruck spannende Wettrennen. Für die Entwicklung des Breitensports waren die vielen privaten Vereine, die in der Stadt tätig waren bzw. sind, besonders bedeutsam.

Wir danken dem Sutton Verlag für die Aufnahme dieser Foto-Dokumentation in seine Reihe „Archivbilder". Auch für die Geduld, mit der die wiederholten Abgabetermin-Verschiebungen in Kauf genommen wurden, haben wir zu danken.

Das Team des Stadtarchivs hofft, dass es gelungen ist, das gesteckte Ziel in angemessener Form zu erreichen und dass das Betrachten der Bilder Interesse weckt. Sollten Sie Fragen zu den Bildern haben oder selbst über Bilder verfügen, die Sie nicht identifizieren können, freuen wir uns auf Ihren Besuch. Wir helfen gerne!

Josefine Justic, Roland Kubanda und Lukas Morscher
Stadtarchiv Innsbruck, Badgasse 2, A-6020 Innsbruck
Telefon +43-512-587380
E-Mail: Stadtarchiv@magibk.at

1

Wandel und Veränderung – Streiflichter zur Stadtentwicklung

Panorama von Innsbruck nach Süden um 1910: In der Bildmitte gut zu erkennen ist die Kaiserjägerstraße mit der nach Südosten als Verlängerung weiterführenden Richard-Wagner-Straße. Dort wurde 1905 die evangelische „Christuskirche" errichtet. Im Hintergrund sieht man den neu eingemeindeten Stadtteil Wilten, den Eingang ins Wipptal sowie die Serles als einen der markanten Berge in der Umgebung Innsbrucks. Im rechten (westlichen) Bildteil fließt der Inn an der Altstadt und Mariahilf-St. Nikolaus vorbei, mit der Innbrücke im Hinter- und dem Innsteg im Vordergrund.

Ansicht von Innsbruck gegen Norden um 1910: Im Vordergrund sieht man das Kloster und die Basilika Wilten, die in der Gegend der ehemaligen römischen Straßenstation Veldidena stehen. Im Hintergrund bildet die Nordkette einen imposanten Abschluss. Gut zu erkennen ist auch der Höttinger Steinbruch und die Hungerburg.

Ansicht von Innsbruck gegen Süden 1901: Im Vordergrund ist der Stadtteil St. Nikolaus mit der imposanten Pfarrkirche, im mittleren Bildteil der Saggen (links) sowie die Altstadt mit dem Dom zu St. Jakob (rechts) und dahinter Wilten mit dem Kloster zu sehen. Der von vielen Geschichten und Sagen umrankte Patscherkofel im Hintergrund bildet den südlichen Abschluss.

Innsbruck vom Galgenbühel (Allerheiligen) Richtung Osten um 1904: Dort, wo heute dichte Verbauung ist, lagen zu dieser Zeit noch weitläufige Wiesen. Jenseits des Inn ist das Klinikareal mit dem hohen Schornstein zu sehen.

Innsbruck nach Norden: Das „Neue Landhaus“ wurde 1938/39 errichtet und diente anfangs als Sitz der nationalsozialistischen Regierung des Gaues Tirol und Vorarlberg, danach als Sitz der Tiroler Landesregierung. Im Hintergrund bildet der Stadtteil Hötting bzw. die Hungerburg den Abschluss zur Nordkette.

Innsbruck gegen Nordosten um 1900: Der Übergang von der Altstadt in den Stadtteil Mariahilf-St. Nikolaus erfolgte über die 1871/73 erbaute „Alte Innbrücke". In der oberen Bildmitte ist der Höttinger Steinbruch zu erkennen, dessen Material – die „Höttinger Breccie" – in zahlreichen Bauten seine Verwendung fand. Das heute beliebte Naherholungsgebiet Hungerburg-Seegrube-Hafelkar ist bis auf die Jausenstation „Hungerburg" noch nicht erschlossen.

Der 1906 am Bahnhofsvorplatz errichtete Vereinigungsbrunnen, das Symbol der Einbindung der älteren Stadtteile in die Stadtgemeinde Innsbruck, musste im weiteren Verlauf der städtebaulichen Entwicklung wieder weichen. Das etwa in Bildmitte sichtbare „Hotel Europa" ist mit seiner Eröffnung 1869 das älteste am Platz und durch seine Namengebung Sinnbild für die Internationalisierung Innsbrucks durch den Bahnanschluss.

Mit dem Baubeginn der Universitätsbrücke (Blick nach Nordwesten) 1927/28 und ihrer Fertigstellung 1930/31 wurde die Verbindung zwischen Hötting bzw. der Höttinger Au und dem südlich gelegenen Innsbruck stark intensiviert. Im Hintergrund erkennt man noch den oberen Teil der legendären Martinswand mit dem Hechenberg. Davor ist der Galgenbühel, die alte Richtstätte, zu sehen.

Blick auf den östlichen Teil von Innsbruck gegen Norden um 1900/10: Die im Talboden gelegenen Dörfer bzw. Stadtteile Pradl und Amras zeugen noch von lockerer Bebauung. Das Gebiet um den im Vordergrund sichtbaren Lemmenhof war Schauplatz der letzten großen Bergiselschlacht 1809. Links vom Lemmenhof erinnert eine Gedenkkapelle an die damaligen Geschehnisse.

Blick vom Hochschloss auf die westlich gelegenen Gebäude des Schlosses Ambras um 1890. Als Standort einer berühmten Kunstsammlung erlangte das sich im Renaissancestil präsentierende Schloss im Südosten der Stadt überregionale Bekanntheit.

Dorf und Schloss Ambras mit der Pfarrkirche und umliegenden Bauernhöfen um 1890. Beim Hochschloss ist das um 1856/59 aufgesetzte Uhrtürmchen zu erkennen, welches schon 1899 wieder demontiert wurde, weil es baufällig war. Blick nach Südosten.

Ansicht des seit dem 12. Jahrhundert nachweisbaren Ortes Arzl, welcher 1940 nach Innsbruck eingemeindet wurde. Zu sehen ist die Pfarrkirche zum hl. Johannes dem Täufer und der Kalvarienberg mit Kapelle, dem Wahrzeichen von Arzl. Aufnahme nach Südwesten 1904: Die Stadt Innsbruck ist durch den Bodennebel verdeckt.

Das ehemalige Kurbad Egerdach im Stadtteil Amras im Südosten Innsbrucks mit der dazugehörigen Kapelle im Jahr 1904. Die Kuranstalt erfreute sich bis in die Zwanzigerjahre großer Beliebtheit. 1955 ging die gesamte Liegenschaft an das SOS-Kinderdorf über, 1982 wurde dort die Hermann-Gmeiner-Akademie eröffnet.

Zu den alten und dichter besiedelten Gegenden in Hötting zählt die Riedgasse. Der Blick ist gegen Westen gerichtet. Von der Riedgasse zweigt links die Bäckerbühelgasse in Richtung Inn ab: Um 1910 waren die Straßen weder gepflastert noch asphaltiert. Das Bild vermittelt mit einem alten Holzschuppen im Vordergrund und einer an einem Haus befestigten Straßenlaterne den typischen Dorfcharakter Höttings.

Die Schneeburggasse in Hötting: Dem Großbrand, der am 8. Juli 1895 beim bekannten „Gasthaus Rainerwirt" (Schneeburggasse 12) ausbrach, fielen mehr als zehn umliegende Gebäude zum Opfer.

Firstfeier für das Haus Frau-Hitt-Straße 4 in Hötting im Jahre 1910: Vor dem Haus sieht man ein zweispänniges Pferdefuhrwerk und die in langen Reihen aufgeschichteten Dachziegel. Rechts im Hintergrund erkennt man die alte, in ihrer Bauweise unverkennbare Höttinger Pfarrkirche.

Im Westen der Stadt, nördlich des Inn, erstreckt sich in der Talebene die Höttinger Au. Die einst großen Wiesenflächen, die von dem vor der Regulierung stark mäandrierenden Inn ihr Gepräge erhielten, wurden zu einer der wichtigsten Neubauflächen. Wo heute starker Durchzugsverkehr das Stadtteilbild prägt, herrschten um 1910 noch geradezu idyllische Verhältnisse. Im Vordergrund sieht man das Haus Höttinger Au 56, im Hintergrund das Gasthaus Tengler.

Zu den beliebtesten Naherholungs- und Ausflugsorten gehört der Planötzenhof, dessen Ursprung schon in der Spätgotik liegt. Sein Gastgarten bzw. die überdachte Glasveranda bietet einen unvergleichlichen Blick auf Innsbruck. Blick nach Nordosten um 1910: Im Hintergrund ist als Einschnitt die schneebedeckte Arzler Scharte zu erkennen.

Ansicht von Igls mit der Dorfkirche nach Südosten 1904. In diesem Jahr wurde dem Ort die Bezeichnung „Luftkurort" von der Tiroler Landesbehörde zuerkannt. Von da an erfolgte ein rasanter touristischer Aufschwung. Im rechten Bildhintergrund ist die markante Erhebung des Glungezer zu erkennen.

Der „Iglerhof" gehört neben dem „Altwirt" (dem heutigen „Sporthotel") zu den ältesten Gastwirtschaften in Igls. Den Großbrand von 1883 hat der „Iglerhof" dank seiner Randlage im Südwesten des Ortes unversehrt überstanden. Aufnahme nach Südwesten.

Die Kriegsschäden durch Bombentreffer in der Altstadt waren zum Teil massiv. Glücklicherweise wurde das „Goldene Dachl" in der Herzog-Friedrich-Straße nicht getroffen. Im rechten Bildteil ist der Stadtturm zu sehen; davor das zerstörte „Winklerhaus". In der Verlängerung des „Goldenen Dachls" nach hinten (Richtung Norden) ist der Höttinger Steinbruch gut zu erkennen, des Weiteren die Zufahrtsstraße zur Bergstation Seegrube. Blick nach Norden nach 1945.

Die ursprünglich als Mauthaus und Reitschule verwendete Dogana von Osten an der Ecke Rennweg – Herzog-Otto-Straße vor dem Zweiten Weltkrieg. Durch die Bombardierungen wurde die Dogana weitest gehend zerstört. Als Nachfolgebau fungiert heute das Kongresshaus. Links ist der Rennweg Richtung Süden zu sehen, an dessen Ende die Hofburg steht.

Blick von Süden in die Wilhelm-Greil-Straße um 1930: Das Haus in der rechten Bildhälfte wurde in den Jahren 1925 bis 1927 errichtet und beherbergte die erste Zentrale der Innsbrucker freiwilligen Rettungsgesellschaft. Der Bau des „Rettungsheimes“ wurde durch eine 1926 veranstaltete Lotterie finanziert.

An der Ecke Wilhelm-Greil-Straße – Welsergasse befand sich der Lackier- und Malereibetrieb der Firma Arnold. Die Welsergasse stellt einen Teil der Alt-Innsbrucker Innenstadt dar, der dem Bau des Landhauses und dem südlich anschließenden Landhausplatz weichen musste. Neben der Firma Arnold ist die alte Gasbeleuchtung zu sehen. Blick nach Norden um 1890.

Der Charakter der Lohbachsiedlung im Westen von Innsbruck ist geprägt durch die typische Form der Einfamilienhäuser mit weit heruntergezogenem Dach. Die Anfänge der Bautätigkeit gehen in das Jahr 1935 zurück. Blick nach Südosten um 1950.

An der Straße nach Zirl, ganz im Westen der Stadt Innsbruck, liegt das bereits 1595 als Gastwirtschaft genannte „Gasthaus Kranebitten". Links vom Gasthaus ist das ehemalige Wirtschaftsgebäude zu sehen, rechts die Filialkirche Mariae Heimsuchung. Blick nach Westen 1904.

Südwestlich vom Stadtzentrum ist die Hangsiedlung Mentlberg gelegen, am Talboden als zunehmend beliebte Wohngegend der Sieglanger. Blick nach Südosten um 1950 auf die noch in Bau befindliche Mentlberg-Siedlung. Am linken Bildrand der Gasthof „Peterbrünnl". Der Patscherkofel rechts und der Glungezer links bilden den Gebirgsabschluss gegen Süden.

Westlich des Bergisel befand sich der „Gasthof Ferneck“, in dessen Umgebung die beliebte Freibadeanstalt „Bad Ferneck“ lag. Heute führt an ihrer Stelle die Autobahntrasse Richtung Brenner. Postkarte um 1930 gegen Süden. Im Hintergrund erhebt sich als markanter Blickfang die Nockspitze.

Ansicht von Mühlau gegen Osten 1904. Auf der Südseite ist der allein stehende Bahnviadukt zu sehen. Auf der rechten Innseite sind die unverbauten Flächen des Saggen zu erkennen. Nördlich des Inn steht u.a. die Weyrerfabrik. Im Bildvordergrund erkennt man mehrere alte Mühlauer Gebäude an der Anton-Rauch-Straße.

Um 1904 war Mühlau noch stark bäuerlich-dörflich geprägt. Mehrere Bauernhäuser bzw. Wohnhäuser bilden den Abschluss der Anton-Rauch-Straße gegen Norden. Im Hintergrund sind die Weyrerfabrik und der alte Ansitz Sternbach sowie die Mühlauer Pfarrkirche gut zu erkennen.

Bis zur Eingemeindung 1904 war Pradl eine bäuerlich orientierte Fraktion der Gemeinde Amras. Das rasche Wachstum der Gemeinde Pradl erforderte auch den Bau einer größeren Kirche. Die hier noch zu sehende alte Pfarrkirche verfiel trotz verschiedener Nutzungen zusehends.

Das alte „Gasthaus Tivoli“ in Pradl bildet den Kern der späteren ausgedehnten Freizeit- und Erholungsanlage gleichen Namens: Das Gasthaus, bei den Sillhöfen gelegen, ist 1904 noch von weiten Wiesenflächen umgeben. Knapp zehn Jahre später erfolgt der Ausbau der Erholungsanlagen rund um das „Tivoli“. Im Hintergrund ist der Hausberg Innsbrucks, der Patscherkofel, zu sehen.

Die weiten Wiesenflächen der Reichenau vor 1925: In der Bildmitte ist der Gutshof zu sehen, dessen Verwalter für die Kultivierung des Gebietes zuständig war. Zwischen ihm und den Viaduktbögen steht das Spaur'sche Schlössl. Am linken Bildrand (Osten) sieht man auf dem Gebiet des heutigen Olympischen Dorfes den alten Schießstand. Gut zu erkennen sind auch die Sandbänke, die der Inn durch seinen mäandrierenden Lauf aufgeworfen hat. Blick nach Südosten.

Mutterhaus der barmherzigen Schwestern in Innsbruck.

◂ Im rechten unteren Bildteil ist das 1909 erbaute Mutterhaus der Barmherzigen Schwestern mit angeschlossener Kirche zu erkennen, davor der alte Brückenkopf der Kettenbrücke. Vor dem Viaduktbogen im rechten Bildteil ist als lang gestrecktes Bauwerk das „Kaiser Franz Josef Jubiläums Greisenasyl" zu sehen, neben dem Waisenhaus die zweite karitative Stiftung des Freiherrn Johann von Sieberer. Blick nach Südosten nach 1910.

Blick nach Süden in das Wipptal um 1870: Der Stadtteil St. Nikolaus nördlich des Inn zählt zu den ältesten Innsbrucks. Gut zu sehen ist das Schloss Büchsenhausen im linken unteren Bildteil, rechts dahinter die Pfarrkirche St. Nikolaus. Auf der gegenüber liegenden Innseite ist noch der so genannte „Kräuterturm" zu erkennen, der den östlichen Abschluss der mittelalterlichen Stadtmauer bildet und im Jahr 1890 abgerissen wurde. Der „Kräuterturm" wurde seit dem 15. Jahrhundert als Gefängnis genutzt.

◂ Das Mutterhaus der Barmherzigen Schwestern im Innsbrucker Saggen um 1900. Direkt am Rennweg gelegen, von weiten Wiesenflächen umgeben und umsäumt von Baumalleen, bildete das Mutterhaus damals einen Ruhepunkt in der Stadt. Heute zählt der am Inn entlang führende Rennweg zu einer der Haupteinzugsstraßen der Stadt. Blick nach Südosten; im Hintergrund ist der noch weit gehend allein stehende Viaduktbogen der Bahntrasse zu sehen.

Nördlich des Inn liegt an der Weiherburggasse das Schloss Zederfeld, ehemaliges „Schlößl Belvedere“ mit vorgelagertem Kaysergarten. Das Schloss wurde in den Neunzigerjahren des 19. Jahrhunderts als Fremdenpension adaptiert. Rechts oberhalb des Ansitzes ist die ausgedehnte Schutthalde des Höttinger Steinbruches zu sehen, im Hintergrund das markante Erscheinungsbild der Nordkette. Ansicht gegen Norden um 1890.

Diese frühe, um 1880/90 entstandene Fotografie zeigt den mit Bauernhöfen und weiten Kulturflächen typischen Charakter des Ortes Vill auf der südlich von Innsbruck gelegenen Mittelgebirgsterrasse gegen Osten. Die Eingemeindung Vills erfolgte während der nationalsozialistischen Herrschaft.

Der Bergisel mit dem neuen Stadtteil Wilten gegen Nordwesten um 1904. Im linken Bildteil sind das in den 1860er-Jahren erbaute Kaiserjägermuseum und davor der Eingang in die Sillschlucht mit der Eisenbahnlinie zu sehen. Das Kloster und die Basilika bilden die zentralen Elemente von Wilten. Vom Ort sind einige der südlichen Neubauten aus dieser Zeit zu sehen.

Die repräsentative und eindrucksvolle Ansicht der Basilika und des Klosters Wilten gegen Osten. Ende des 19. Jahrhunderts ist dieser Komplex noch von weiten Wiesenflächen umgeben, erst mit der Eingemeindung Wiltens 1904 beginnt auch hier die verstärkte Urbanisierung. Rechts im Hintergrund ist das Schloss Ambras noch gut zu erkennen.

Der Kaiserschützenplatz (um 1910, gegen Süden) bildete den Mittelpunkt des alten Dorfes Wilten. In der Leopoldstraße ist ein alter Straßenbahn-Triebwagen mit zwei Beiwagen zu sehen, in der hinteren Bildmitte die Wiltener Basilika und der noch weit gehend unverbaute Bergisel.

2

Zeitgeist und Politik

Weit über die Landesgrenzen hinaus Aufsehen erregten im Jahr 1904 die „Fatti d'Innsbruck", die sich gegen die Errichtung einer italienischen Rechtsfakultät an der Universität richteten. Tragischer Höhepunkt war die Nacht vom 3. auf den 4. November 1904, in der es zu gewalttätigen Auseinandersetzungen zwischen deutschsprachigen und italienischen Studenten kam, die schließlich den Einsatz des Militärs notwendig machten und in der Folge Verletzte und ein Todesopfer forderten. Die Innenstadtgasthäuser „Zur Goldenen Rose" und „Zum Weißen Kreuz" wurden dabei innen wie außen arg beschädigt.

Noch wird die Kriegserklärung gegen Serbien (28. Juli 1914) begeistert gefeiert – auch in Innsbruck. Der „Originalton" auf der Rückseite der Postkarte: „Sonntag vormittägige Ovation der Bevölkerung für den Krieg gegen Serbien in der Maria-Theresien-Straße. Die Militärkapelle zieht Tag u. Nachts durch die Straßen u. spielt patriotische Märsche."

Das Anstellen um Lebensmittel gehörte während und nach dem Ersten Weltkrieg zum Alltag. Diese Menschenansammlung wartete vor dem Julius-Meinl-Geschäft am Marktgraben.

Wie im ganzen Land, so wurden in den Jahren 1916 und 1917 auch viele Innsbrucker Kirchenglocken zur Weiterverwendung als Kriegsmaterial konfisziert. „Die Abnahme der Glocken vollzieht sich unter lebhaften Klagen der Bevölkerung", berichtet die Chronik. Gesammelte Glocken standen 1917 geordnet und durchnummeriert in Wilten zum Abtransport bereit.

„Wirkung eines italienischen Fliegerangriffes auf den Bahnhof in Innsbruck 1918" wurde von einem Zeitzeugen auf die Rückseite dieser Postkarte geschrieben. Tatsächlich erlebte Innsbruck am 20. Februar 1918 um ca. 15 Uhr den ersten Luftangriff seiner Geschichte. Vier der acht abgeworfenen Bomben schlugen am Gelände des Hauptbahnhofes ein und verursachten großen Schaden. Neben mehreren Verletzten war auch ein Todesopfer zu beklagen.

Für die Heimkehrer des Ersten Weltkriegs druckte die Wagner'sche Universitäts-Buchdruckerei Innsbruck 1919 farbenfrohe Karten mit bekannten Motiven. Hier ein Blick in die Altstadt mit dem Stadtturm und dem Goldenen Dachl. Besonders in den Vordergrund gerückt ist das Schild des „Gasthofs zur Goldenen Rose" in der Herzog-Friedrich-Straße.

„Für Mizzi" wurde diese Aufnahme am 6. Oktober 1914 gemacht. Die Eisenbahn als strategisch überaus bedeutsames Verkehrsmittel wurde im Ersten Weltkrieg von eigenen Truppenteilen bewacht. Hier die Bergisel-Tunnel-Wache mit aufgepflanzten Bajonetten am Fuße des gleichnamigen Berges bei Innsbruck.

Weit größer als nach dem Zweiten war die allgemeine Not in Innsbruck während und nach dem Ersten Weltkrieg. Internationale Hilfsaktionen wirkten etwas mildernd, zum Beispiel von den Vereinigten Staaten von Amerika gespendete Lebensmittel für Kinder. Dieses Foto zeigt eine so genannte Ausspeisung im Jahr 1920.

Eine Erinnerung an schwere Zeiten stellt der so genannte „Eiserne Blumenteufel" am Bergisel dar: Am 12. Mai 1915 wurde eine nach Albin Egger-Lienz vom Bildhauer Johann Enrich aus Zirbenholz gefertigte überlebensgroße Figur eines Tiroler Kaiserjägers im Landhaus der öffentlichen „Benagelung" übergeben. Für jede Spende wurde ein Nagel eingeschlagen, der Reinerlös kam Witwen und Waisen gefallener Tiroler Soldaten zugute.

Die „Tiroler Heimatwehr" war ein 1920 gegründeter Selbstschutzverband, der selbstständig agierte und bis zur Auflösung am 10. Oktober 1936 starken Einfluss auf das politische Leben ausübte. Ideologisch war sie extrem rechts angesiedelt, bis hin zu antidemokratischen und antiparlamentarischen Tendenzen. Der Führungsstab der Tiroler Heimatwehr präsentierte sich um 1922 auf diesem Gruppenbild.

Am 2. Mai 1933 verfügte die Tiroler Landesregierung die Auflösung des Vereines „Deutsche Studentenschaft an der Leopold-Franzens-Universität". Am 6. Mai 1933 folgten als Protest Unruhen der Studenten, die jedoch in pronationalsozialistische Kundgebungen ausarteten. Selbst städtische Spritzwägen (wie hier in der Gilmstraße) wurden eingesetzt, um die unangemeldeten Demonstrationen aufzulösen.

Mit 1. Juni 1933 tritt die so genannte Tausend-Mark-Sperre des Deutschen Reiches gegen Österreich in Kraft. Dies führte zu einem starken Einbruch der Tiroler Wirtschaft und vor allem des Fremdenverkehrs. Als „Symbol schicksalhafter Wendung" wurde der Besuch einer vielköpfigen Abordnung des Deutschen und Österreichischen Alpenvereines aus dem Deutschen Reich in Innsbruck gewertet, der am 26. Juli 1936 stattfand. Den Gästen aus Deutschland wurde eine überschäumende Begrüßung zuteil, auch das „offizielle" Innsbruck in der Person von Bürgermeister Franz Fischer meldete sich zu Wort. Obwohl die nationalsozialistische Partei in Österreich verboten war, wurden der „Deutsche Gruß" und die deutsche Fahne öffentlich zur Schau getragen.

Im Innenhof des Rathauses, beim Aufgang zum Zwischentrakt, der im Zweiten Weltkrieg zerbombt wurde, hält Bürgermeister Franz Fischer eine Rede vor städtischen Bediensteten und Polizisten. Franz Fischer war von 1929 bis Februar 1934 frei gewählter Bürgermeister der Landeshauptstadt. Von März 1934 bis zum 12. März 1938 fungierte er als Regierungskommissär bzw. als Bürgermeister eines von der Tiroler Landesregierung bestellten berufsständischen Gemeindetages. Nach Franz Fischer ist eine Straße im Stadtteil Wilten benannt.

Im 20. Jahrhundert hat der Rennweg besonders häufig Um- bzw. Neubenennungen – immer im Zusammenhang mit politischen Umwälzungen – erlebt: Im Jahr 1934 wurde er in Dollfußplatz (nach dem am 25. Juli 1934 von Nationalsozialisten ermordeten österreichischen Bundeskanzler) umbenannt, um vier Jahre später, im März 1938, mit einer neuen Namenstafel zum Adolf-Hitler-Platz zu werden. Nach dem Ende der NS-Herrschaft im Mai 1945 schließlich erhielt er wieder seine alte Bezeichnung.

Aus Anlass der für den 10. April 1938 angesetzten Volksabstimmung über den Anschluss an Deutschland absolvierte Adolf Hitler eine Propagandatour durch Österreich. Am 5. April 1938 machte er in Innsbruck Station und sprach am Abend in der Ausstellungshalle (heute Messehalle).

B

N.S.D.A.P. Gau Tirol Reihe: 17

Eintritts-Ausweis

für die

Führer-Kundgebung in Innsbruck

am 5. April 1938, in der Ausstellungshalle

Die Plätze müssen bis 19 Uhr eingenommen sein. Die Halle wird um 17.30 Uhr geöffnet

Eintrittskarte für die erwähnte „Führer-Kundgebung".

Auf der Fahrt zum Brenner, wo am 4. Oktober 1940 ein Treffen mit dem „Duce" Benito Mussolini auf dem Programm stand, machte Hitler kurz Zwischenstation am Innsbrucker Hauptbahnhof. Neben den Tiroler NS-Funktionären wurde er auch von einer Kompanie Tiroler Schützen begrüßt. Hinter Adolf Hitler Gauleiter-Stellvertreter Herbert Parson (links) und Gauleiter Franz Hofer (rechts).

Der Zweite Weltkrieg wütete verheerend über Innsbruck. Von 1943 bis 1945 wurde die Stadt von 21 Bombenangriffen heimgesucht und stark zerstört. Beim amerikanischen Angriff am 13. Juni 1944 wurde der Stadtteil Wilten bombardiert. Neben anderen Gebäuden wurde auch das Treibstofflager „Flüggen" schwer getroffen. Die Explosion, das Feuer und die Rauchwolke waren gigantisch und hinterließen furchtbare Eindrücke bei der Bevölkerung.

Der Bombenangriff am 16. Dezember 1944 zerstörte den Mitteltrakt des Innsbrucker Rathauses völlig. Teile des eben erst (1939/40) neu erbauten Rathauses Fallmerayerstraße wurden in Mitleidenschaft gezogen. Der zerstörte Teil des Rathauses wurde nach dem Krieg abgetragen, und nachdem der so entstandene Innenhof jahrzehntelang als Parkplatz genutzt worden war, brachte erst das im Jahr 2000 beschlossene Projekt „Rathaus Neu“ eine umfassende architektonische Lösung dieses Bereiches der Innenstadt.

Beim Luftangriff vom 16. Dezember 1944 wurde auch eines der markantesten Bauwerke der Zwanzigerjahre in Innsbruck zerstört. Das so genannte „Hochhaus" in der Salurner Straße, welches den Innsbrucker Elektrizitätswerken als Verwaltungsgebäude dient, ist ein Bau des bekannten Architekten Lois Welzenbacher. Nach dem Krieg wurde es nicht mehr in seiner ursprünglichen Form aufgebaut.

Am 2. Mai 1945 fanden in Innsbruck die letzten Kampfhandlungen des Zweiten Weltkrieges statt. Die Landeshauptstadt wurde an die von Nordwesten einmarschierenden amerikanischen Truppen übergeben, deren Präsenz in Tirol im Juli 1945 endete und durch die französische Besatzung unter General Emile M. Béthouart abgelöst wurde. Wohl in den ersten Maitagen des Jahres 1945 wurde dieses Foto des Alten Tiroler Landhauses in der Maria- Theresien-Straße aufgenommen. Vom Sitz der von der Militärverwaltung eingesetzten provisorischen Tiroler „Landesregierung" wehen die österreichische und die amerikanische Fahne.

Auch in Innsbruck und Umgebung wurden nach dem Zweiten Weltkrieg Kriegsschauplätze und bis zuletzt verwendetes Kriegsmaterial – hier ein sogennantes Funkmessgerät – überstürzt zurückgelassen. Kinder nutzten es in den Frühjahrs- und Sommermonaten des Jahres 1945 als Turn- und Spielgeräte – auch wenn dies mitunter sehr gefährlich war.

Der „Ersten Wiederkehr des Tages des Kriegsendes" wurde am 8. Mai 1946 sowohl von der Bevölkerung als auch der französischen Besatzung gebührend gedacht. Der bekannte Innsbrucker Journalist Herbert Buzas steht mit französischen Militärs während einer Rundfunkübertragung an der Ecke Maria-Theresien-Straße – Meraner Straße. Im Hintergrund ein Übertragungswagen von „Radio-Diffusion en Autriche".

3

Innenleben einer Stadt

Infrastruktur – Verkehr und Mobilität – Handel und Gewerbe

Ein breites Spektrum an infrastrukturellen Gegebenheiten bietet dieser Blick auf die nördliche Maria-Theresien-Straße: Neben den in der Straßenmitte verkehrenden Straßenbahnzügen quert eine Straßenwalze die Fahrbahn, die sonst nur durch Pferdekutschen und Handkarren verstellt ist. Die stehenden Menschen am Gehsteig lassen vermuten, dass es etwas Besonderes zu sehen gab.

Im Jahre 1902 wurde der so genannte Reichenauer Gutshof von der Stadtgemeinde Innsbruck angekauft. Mit seinen weitläufigen Äckern und Feldern wurde er als landwirtschaftlicher Versorgungsbetrieb bis in die Fünfzigerjahre genutzt. 1925 entstand hier der erste Innsbrucker Flughafen, wobei ein Teil der Wiesen als Flugpiste diente. Heute stehen auf diesem Gebiet großteils Wohnbauten, die den Stadtteil Reichenau bilden.

Aus der Fotodokumentation über die Kanalisation (1903–1906), die vom damaligen Leiter des städtischen Kanalisationsamtes Ing. L. Mess angefertigt und dem damaligen Innsbrucker Bürgermeister Wilhelm Greil gewidmet wurde, stammt das Foto mit Blick in die Dreiheiligenstraße. Die Kanalverlegungsarbeiten sind hier schon weit fortgeschritten. Im Hintergrund ist der Bahnviadukt und der Turm der Pfarrkirche von Dreiheiligen zu sehen.

Ein im heutigen Sinn professionelles Apothekerwesen ist in Innsbruck seit 1452 belegt, als die Hofapotheke als erste öffentliche Apotheke in der Altstadt (heute Herzog-Friedrich-Straße 19) eingerichtet wurde. Dieses Foto zeigt die Depoträume der Klinikapotheke in Innsbruck um 1930/40.

Ende des 19. Jahrhunderts und über die Jahrhundertwende hinaus setzte in Innsbruck eine rege Bautätigkeit ein. Vor allem wurde im heutigen Stadtteil Saggen gebaut. Die damals führenden Baufirmen waren Johann Huter und Jakob Norer. Die Norer'sche Schotter- und Sandgrube – die Rohmaterial für die Bauten lieferte – befand sich 1895 in Mühlau am Abhang zum Hohen Weg (nördlich der Kettenbrücke), wie hier deutlich zu sehen ist.

Eine freiwillige Feuerwehr wurde in Innsbruck 1857 von Franz Thurner gegründet. 1899 wurde auch eine Berufsfeuerwehr geschaffen. Auf diesem Foto ist möglicherweise ein kleiner Übungseinsatz der Feuerwehr beim rauchenden Motor eines Postbusses in der Wilhelm-Greil-Straße zu sehen. Wie der Doppeladler mit dem rot-weiß-roten Brustschild – das Wappen des „Ständestaats" – auf der Wagentür vermuten läßt, handelt es sich um die Zeit zwischen 1934 und 1938.

1913/14 wurde die erste Innsbrucker Großmarkthalle am Herzog-Sigmund-Ufer errichtet. Der dafür ausgeschriebene Architektenwettbewerb brachte u.a. auch den (nicht ausgeführten) Vorschlag, die Markthalle am Innrain zu bauen. Erst einige Jahrzehnte später, nämlich 1995, erfuhr dieses Areal in Form des IVB-Terminals eine infrastrukturelle Verwendung.

Sind es heute die Bauernmärkte, die die Innsbrucker in fast allen Stadtteilen mit frischen landwirtschaftlichen Produkten versorgen, so befand sich früher der Markt für Obst und Gemüse am Innrain. Vor dem im Zweiten Weltkrieg stark zerstörten und in der Folge abgetragenen Fleischbankgebäude (ein kleiner Teil der Fassade ist am oberen rechten Bildrand zu sehen) fanden diverse Märkte statt. Diese Aufnahme stammt aus dem Jahr 1937.

Vorerst nur um Energie für die Straßenbeleuchtung zu liefern, wurde 1858/59 das erste Gaswerk der Stadt Innsbruck am Standort des heutigen Amraser Hallenbades erbaut. In der Folge (1908/09, 1928) baulich und technisch erweitert, präsentiert das Bild die Baulichkeiten im Stadtteil Pradl im Jahr 1936. Links neben dem Schlot ist das 1928/29 erbaute Hallenbad der Stadt Innsbruck am Gelände des heutigen Rapoldiparkes zu sehen.

Ein eher unbekannteres Beispiel für das (Heil-)Badewesen Innsbrucks ist das ehemalige Badhaus an der Ellbögener Straße in Igls. Die Schwefelquelle dieses Heilbades – nachweisbar seit 1650 –, das der Bevölkerung zugänglich war, ist jedoch um 1750 versiegt. Neben das am Ramsbachl gelegene Haus wurde später ein Sägewerk gebaut, das hier hinter dem Holzzaun zu erkennen ist. Die Badhausstraße in Igls erinnert überdies heute noch an das Alte Badhaus.

Im Jahr 1929 wurde in der damals noch selbstständigen Gemeinde Amras das Strandbad Schönruh eröffnet. Als eine der schönsten Bade- und Freizeitanlagen Tirols war es bis zum Jahr 1970 in Betrieb und wurde von Bade- und Sonnenhungrigen nicht nur aus Innsbruck gerne frequentiert. Die Schließung musste aufgrund der nicht mehr zeitgemäßen technischen und hygienischen Einrichtungen erfolgen.

Ein Wirtschaftsbarometer der Landeshauptstadt ist die seit 1923 fast durchgehend veranstaltete „Innsbrucker Messe". Ihr wichtigster Vorgänger war die 1. Tiroler Landesausstellung im Jahre 1893. Für sie wurde die große, nach notwendigen Adaptierungen noch heute genutzte Halle im Saggen erbaut. Im 19. Jahrhundert präsentierte sich der Eingang mit dem über dem Eingang prangenden Wappen Kaiser Franz Josephs I.

Ein Innsbrucker Original seiner Zeit war Anton Hotter, der tagtäglich mit seinem zweirädrigen Karren, bestückt mit Besen und einer Schaufel, die Maria-Theresien-Straße bis hinauf zur Triumphpforte reinigte. So manche Geschichte umrankte ihn, der sowohl bei den Einheimischen beliebt als auch für die Touristen ein originelles Fotomotiv war. Anton Hotter starb 66-jährig im Juli 1933.

Schneereiche Winter erfordern auch heute noch ab und zu den Einsatz von kurzfristig angeworbenen „Schauflern", um vor allem die öffentlichen Flächen von der „weißen Pracht" zu befreien. Um 1950 waren sie – auch aufgrund der damals größeren Schneemengen und der in geringerem Ausmaß vorhandenen technischen Hilfsmittel – in größerer Zahl im Einsatz. Ausgeschaufelt wurde hier der Gehsteig in der Herzog-Otto-Straße.

Schrebergärten erfüllten um 1950 noch in weitaus größerem Ausmaß die Funktion der Versorgung mit Gemüse für den eigenen Bedarf als heute. Unter anderem erstreckten sie sich im heutigen gewerblich verbauten Gebiet zwischen Südring und Südtangente der Inntalautobahn in Wilten. Im Hintergrund ist hier allerdings „nur" die Trasse der Brenner-Bundesstraße mit dem imposanten „Sonnenburgerhof" zu sehen.

Die Seilergasse in der Altstadt um 1890/1900. Ihren Namen verdankt diese Straße der großen Anzahl an Seilern, die sich hier niedergelassen hatten, wie auch noch an den Firmenschildern zu erkennen ist. Die Schneefälle im Winter waren so ergiebig, dass man mit Schlitten Warenlieferungen bzw. Besorgungen in der Stadt durchführen konnte. Im Vordergrund gut zu erkennen ist der städtische Straßenreiniger, dessen Mülltonne auf einem Wagen mit großen eisenbeschlagenen Holzrädern befestigt ist.

Einspännige Fiaker prägten um 1880 das Stadtbild von Innsbruck. Am Bahnhofsvorplatz warten mehrere dieser Pferdekutschen auf Gäste zur Beförderung. Frontal gegen Norden sieht man das eindrucksvolle Bauwerk des „Hotel Tirol". Schön zu sehen ist auch die alte Straßenbeleuchtung.

Eine Pferdekutsche der Adambrauerei fährt mit hölzernen Bierfässern beladen aus dem Depot in der Ing.-Etzel-Straße. Das Adambräu zählte zu den Innsbrucker Traditionsfirmen. Heute gibt es das Adambräu als eigenen Betrieb nicht mehr, nur der Name lebt innerhalb der Brau AG weiter. Die Aufnahme stammt aus den Dreißigerjahren.

Pferdefuhrwerke zum Transport von Gütern gehörten um 1920 noch zum alltäglichen Stadtbild. Diese Postkarte zeigt das Beladen eines solchen Pferdegespanns in der Bahnhofsgegend.

Ausfahrt mit einspänniger Pferdekutsche in Wilten um 1900 – vermutlich in der Fritz-Pregl-Straße. An der Kutsche sieht man links vorne eine Laterne sowie die hoch gesteckte Pferdepeitsche. Diese Szenerie ereignete sich neben dem Westfriedhof.

Blick in die Maria-Theresien-Straße nach Norden Richtung Altstadt zur Zeit der nationalsozialistischen Herrschaft. Die Häuser sind mit Hakenkreuz-Fahnen beflaggt, auf der Straße herrscht reges Treiben. Auffallend ist die Vielzahl verschiedener, vor allem geparkter Verkehrsmittel.

Blick von der Südseite auf den Fußgängerübergang nach Mariahilf um 1900. Es handelt sich hierbei um eine eiserne Fachwerkbrücke. Gut zu sehen ist auch der mit Brettern belegte Boden.

Die Höttinger Auffahrt verbindet den Talboden mit dem westlichen Teil des Dorfes Hötting. Seit 1940 gibt es in Innsbruck Pläne, Linien der Verkehrsbetriebe als O-Bus zu führen. Hier handelt es sich um die Linie A, die seit 1944 verkehrt. Eingesetzt waren auf dieser Linie Busse der italienischen Marke Breda.

Die Brennerstraße – im Süden von Innsbruck (Wilten) beginnend – stellte die Hauptverkehrsverbindung für den Autoverkehr mit Italien bzw. den umliegenden Orten und Gemeinden im Wipptal und Stubaital dar. Auf dieser Fotografie um 1920 fährt gerade der regelmäßig verkehrende Stubaier Autobus in Richtung Innsbruck hinunter. Im Hintergrund sieht man die Nordkette.

Nach fast 100-jährigem Betrieb wurde die 1906 eröffnete Hungerburgbahn, die als Standseilbahn konzipiert das Stadtgebiet mit dem Erholungsraum Hungerburg/Hoch-Innsbruck verkehrsmäßig verband, außer Betrieb gestellt und durch eine neue, von der Innenstadt ausgehende Seilbahnvariante ersetzt. Zeitweise war die Hungerburgbahn mit einem Fahrgastaufkommen von über 1 Million Beförderungen/Jahr eine der am meisten frequentierten Verkehrsverbindungen der Stadt.

Nachdem eine Notbrücke errichtet wurde, erfolgte die Demontage der alten Kettenbrücke im Saggen, welche auf das gegenüberliegende Innufer nach Mühlau führte. Durch diesen Abbruch verschwand eines der wohl markantesten Bauwerke aus dem Innsbrucker Stadtbild.

Mit Baubeschluss des Gemeinderates vom Juli 1927 wurde für die Bewohner Innsbrucks wie auch für den zunehmenden Tourismus das beliebte Naherholungsgebiet Seegrube-Hafelkar durch eine Seilbahn zugänglich gemacht. Das Material wurde teils durch menschliche Arbeitskraft auf 1.900 Meter Seehöhe gebracht, teils wurde es von Flugzeugen abgeworfen. Seit Jänner 2007 steht die umgebaute Bahn den Bergbegeisterten und Touristen wieder zur Verfügung.

Mit dem nur vier Jahre dauernden Bau der Brennerbahn und ihrer Eröffnung im Jahre 1867 wurde die wichtige Nord-Süd-Eisenbahnverbindung in Betrieb genommen. Für die Schienenführung waren umfangreiche Trassierungen notwendig, so auch die Anlegung des Bergiseltunnels. Blick nach Süden um 1867.

1904 erfolgte der Betrieb der Brennerbahn selbstverständlich noch mit Dampflokomotiven. Diese Eisenbahnverbindung wird seit 1867 befahren. Der Zug hat gerade den Bahnhof Innsbruck verlassen und fährt in die Sillschlucht ein. Im Hintergrund ist der Bergisel, vorne die Wiltener Sillbrücke (heute Trientner Brücke) zu sehen.

Neben der wichtigen Südverbindung nach Italien stellte der Bau der Mittenwaldbahn über das Seefelder Plateau eine weitere Hauptverkehrsverbindung nach Deutschland her. Zu sehen sind die Bauarbeiten am Viadukt in der Gegend des Höttinger Bahnhofes um 1910. Interessant ist auch die obere Tafel am linken Bildrand mit der Aufschrift „Holz wegtragen verboten", verweist sie doch auf eine vielleicht nicht nur damals durchaus übliche Praxis.

Die Stubaitalbahn verkehrt seit 1904 zwischen dem Stubaitalbahnhof in Wilten und Fulpmes im Stubaital. Der Großteil der Strecke musste in Kurven ausgeführt werden, was einen erheblichen Schienen- und Fahrzeugverschleiß mit sich brachte. Aufwändige Bauten wie der Mutterer Viadukt oder der 150 Meter lange Kehrtunnel zur Unterfahrung der Brennerstraße waren für diese wichtige Regionalverbindung notwendig.

Die Bahnhofshalle des Hauptbahnhofes in Innsbruck 1931: Neben der Funktion als Abfertigungshalle mit zahlreichen Geschäften wurde der Raum auch für künstlerische Darstellungen genutzt. So schmückten während der Zwischenkriegszeit die Fresken von Rudolf Stolz die Haupthalle. Nach den Zerstörungen des Zweiten Weltkrieges wurde der Tiroler Künstler Max Weiler mit der Anfertigung moderner Fresken im neu errichteten Bahnhof beauftragt.

Wo sich heute eines der am dichtest besiedelten Gebiete Innsbrucks befindet, war in der Zeit von 1925 bis zum Zweiten Weltkrieg der erste Flughafen beheimatet. Die Start- und Landebahn des südlich des Inn in der Reichenau gelegenen Flughafens, der regelmäßig von der Aero Lloyd (heute Lufthansa) angeflogen wurde, war eine Rasenpiste, deren abgemähtes Gras wiederum für den Reichenauer Gutshof weiterverwendet wurde. Das Gebiet rund um den Flughafen wurde ebenfalls landwirtschaftlich genutzt, wie man an den im Bildvordergrund angepflanzten Krautköpfen erkennt.

Blick um 1914 in die Lithografische Anstalt Karl Redlich. Im Hintergrund links steht Oswald Hengst, der zahlreiche Plakate der Zwischenkriegszeit entwarf. Später war er Abteilungsleiter in der Wagner'schen Buchdruckerei in der Erlerstraße. Im Vordergrund sind Lithografen, unter ihnen Karl Sommer sen., zu sehen, die die Entwürfe auf die Schieferplatten übertragen, mit denen gedruckt wurde.

An der Fassade der Rauch-Mühle, der großen Kunstmühle an der Haller Straße, steht im Herbst 1938 in Großbuchstaben „Helft gegen Wintersnot". Die Mühle, ein Bau der Firma Johann Huter, wurde 1923 in Betrieb genommen – der große Getreidesilo rechts 1926. An der noch nicht gemauerten Böschung zum Inn sind die Schienen der Haller Straßenbahn zu erkennen.

Die Bachgasse in Hötting mit den offenen Gerinnen. Rechts im Vordergrund die Werkstätte des Wagners Peter Gspan. Er übte sein Handwerk hier zumindest seit 1899 aus. 1910 arbeitete er mit Ferdinand Gspan zusammen, um jenem das Geschäft 1911 ganz zu überlassen. Dieser führte den Betrieb zuerst in der Bachgasse 4, später in Hausnummer 6, bis Anfang der Vierzigerjahre.

Die Huf- und Wagenschmiede des Johann Polte in Mühlau trug die Hausnummer Andreas-Hofer-Straße 3, heute Haller Straße. Auf der Bank am Nebenhaus, in dem der Schneidermeister Johann Pescosta sein Geschäft betrieb, sitzt der Schmied mit seinen Gehilfen. Die Häuser wurden im Zuge des Ausbaus der Hallerstraße abgebrochen.

Der Steinmetzmeister und Bildhauer Ferdinand Linser führte seit 1929 eine große Werkstätte in der Freisingstraße 6–8 und in der Leopoldstraße 51. Später reduzierte sich der Betrieb auf die Freisingstraße 6. Ferdinand Linser kam beim Luftangriff am 15.12.1943 ums Leben.

Gepäcktransport in Innsbruck um 1930. Im Vordergrund ganz links ist ein Hauseck der Handelsakademie in der Kaiserjägerstraße zu sehen. Der Turm im Hintergrund gehörte zur Löwenhaus-Brauerei und befindet sich am Rennweg bei der Weinkellerei Linherr.

Warteschlangen vor dem am Bahnhof gelegenen Landeslagerhaus, das die Bevölkerung mit Grundnahrungsmitteln und Kohle versorgen sollte, bildeten sich gegen Ende des Ersten Weltkrieges und vor allem in den wirtschaftlich katastrophalen ersten Jahren danach. Das Lagerhaus wurde durch Bombentreffer und Brand im Zweiten Weltkrieg zerstört.

Am Marktgraben befanden sich zwischen 1765 und 1992 die so genannten Boutiquen, Vorbauten mit Verkaufsläden. Manchmal befanden sich auf den Dächern kleine Gärten. Aus verkehrstechnischen Gründen wurden die teilweise durch Bombentreffer beschädigten Bauten nach 1945 schrittweise abgebrochen. Lediglich am Burggraben beim Franziskanerplatz befinden sich heute noch solche Boutiquen. Rechts ist das Ursulinenkloster zu sehen.

Blick auf das Areal der Tiroler Landesausstellung des Jahres 1893 auf dem Innsbrucker Messegelände, die vom 17. Juni bis 4. Oktober präsentiert wurde. Ziel dieser „Messe" war, die Leistungsfähigkeit des Tiroler Gewerbes zu demonstrieren. Im Hintergrund ist neben dem so genannten Sieberer'schen Waisenhaus der Eisenbahnviadukt zu erkennen.

Tiroler Landesausstellung Innsbruck 1893. An diesem Stand werden Lebensmittel und Delikatessen aus dem ganzen Tiroler Raum angeboten, Produkte der „Ersten Tiroler Weinessigessenz-Fabrik" ebenso wie „Producte aus dem Erzherzog-Albrecht Garten in Arco".

Blick auf das Geschäft des Alois Bayr am Marktgraben 21. Im Fenster ganz rechts ist eine große Auswahl an Waschschüsseln zu sehen. Vertrieben wurden Porzellan- und Glaswaren aus dem ganzen Gebiet der Monarchie, besonders aber aus Böhmen, das über eine reiche Tradition in diesem Bereich verfügt. Um 1937 übersiedelte das Geschäft in die Maria-Theresien-Straße Nr. 8.

Das Fahrradgeschäft des Richard Holzhammer in der Leopoldstraße 4, das er von 1907 bis 1940 dort betrieb. Zuvor wurde der Betrieb von Josef Holzhammer in der Erlerstraße 16 geführt. Das Fahrrad war nach anfänglichen Schwierigkeiten eines der beliebtesten Fortbewegungsmittel der Innsbrucker. Zahlreiche Klubs und Aktive waren auch bei Wettkämpfen im Einsatz.

Die Kiebachgasse mit dem „Gasthof Weißes Rössl" und einem Geschäft für Porzellan, Aluminium, Sportartikel und Küchengeräte. Auf dem Gehsteig türmen sich Blech-Eimer. Der Gasthof wirbt mit „vollständig neurenovierten Zimmern" und einer Stallung. Zum Zeitpunkt der Aufnahme verfügt es außerdem bereits über ein Telefon.

In der Maria-Theresien-Straße 55 befand sich die „Civil- & Militärschneiderei" des Johann Maresch. Zwei weitere Verwandte betrieben in Innsbruck das Schneider-Gewerbe. Johann Maresch eröffnete sein Geschäft um die Mitte der 1890er-Jahre und führte es bis 1931. Das Bild dürfte um 1910 entstanden sein. Vermutlich sind die beiden Männer in Zivil bzw. in Uniform Anschauungsbeispiele der Kunst des Geschäftsinhabers.

Ein fahrbarer hölzerner Marktstand mit Gemüse und Obst am Rennweg beim Innsteg. Davor stehen zwei Frauen und dahinter ein Mann, der ein Schild „Blind" um den Hals trägt. Vermutlich handelt es sich um einen Kriegsversehrten. Die Aufnahme stammt aus den frühen Fünfzigerjahren.

4

Spurensuche: Frauenbild – Selbstdarstellung

Der Zentralausschuss des Verbandes christlicher Kriegswitwen und -waisen Tirols präsentierte sich hier aus Anlass seines zehnjährigen Jubiläums im Jahre 1928. Kurz nach dem Ende des Ersten Weltkrieges bildete sich ein Kreis von engagierten Frauen zum Witwenverband Deutschtirol, der seinen ersten Sitz in der ehemaligen Kadettenschule am Innrain und bald darauf in Räumlichkeiten der Innsbrucker Hofburg hatte. Seine Hauptaufgabe sah der Verband darin, Kriegerwitwen und -waisen sowohl finanzielle als auch ideelle Unterstützung zukommen zu lassen. Dies gelang im Laufe der Jahre u.a. durch Schaffung und Vermittlung von Lehr- und Arbeitsplätzen für Betroffene und die Errichtung eines Witwenheimes am Areal der heutigen Conradkaserne in Pradl.

Eine typische Darstellung der Frau als Mutter und soziales Wesen zeigt diese Korrespondenzkarte, die von der Jugendfürsorge Tirol herausgegeben wurde. Das Motiv stammt von F. Miska und ist mit 30. April 1905 datiert.

„Die einsame Frau Hütt" – eine Felsfigur der Nordkette, die der Sage nach das Abbild einer stolzen Königin sein soll, die einer armen Frau anstatt der milden Gabe einen Stein reichte und daraufhin selbst versteinert wurde. Hier eine personifizierte Darstellung, in der Frau Hütt wohl als „Büßerin" dargestellt erscheint.

Die Frau als sportliche Begleiterin eines Mannes bei einem Radfahrausflug auf der Brennerstraße. Im Hintergrund die 1867 eröffnete, noch dampfbetriebene Brenner-Eisenbahn sowie die Serles (hier noch als Waldrast-Spitze bezeichnet). Diese Darstellung aus der Zeit um 1900 ist recht ungewöhnlich, wenn man bedenkt, dass Radfahren im Tirol der 1890er-Jahre noch als exotisch empfunden wurde.

Aus Anlass des 40-jährigen Gründungsfestes des Innsbrucker Turnvereins traten Innsbrucker Reckturnerinnen als eigene Formation öffentlich auf. Es war dies – im Jahr 1903 – eine der ersten derartigen Vorstellungen. Die Veranstaltungen des Turnfestes fanden im Stadtteil Saggen (auf dem heutigen Messegelände) statt – im Hintergrund ist das Sieberer'sche Waisenhaus zu sehen.

Frau Maria Lantschner, geborene Naeff (1837–1904), gilt als Begründerin der nach der „Fröbel'schen Lehre“ arbeitenden Kindergärten in Innsbruck. 1872 wurde vor allem aufgrund ihrer Initiative der erste derartige Kindergarten in den Nebenräumen der Redoutensäle (heute Stadtsäle) eröffnet.

Ein junges Mädchen verkauft Erzherzog Eugen (1863–1954) einen Blumenstrauß. Anlass dieses „Geschäftes" war der am 18. Mai 1912 abgehaltene I. Innsbrucker Blumentag. Der Erlös der Veranstaltung kam damals zu gleichen Teilen den Innsbrucker Ferienkolonien, dem Blindeninstitut und der Rettungsabteilung der Freiwilligen Feuerwehr zugute.

Eine junge Frau aus einer Pradler Familie stellte sich um 1920 dem Fotografen. Die „Inszenierung" glich der der meisten Frauenbildnisse in anderen europäischen Ländern: Der Schirm diente als Requisit für eine gelungene Präsentation, der Hintergrund war Kulisse.

Frau Mary Foltin, geborene Hercik, ließ sich 1922 als Inhaberin der Reitschule in der Dogana zu Innsbruck (Rennweg 3, heute Teil des Kongresshauses) fotografieren. Ihr Ehemann war Franz Foltin, Oberstleutnant der Reitenden Tiroler Landesschützen. Beide haben sich um den Tiroler Reitsport sehr große Verdienste erworben.

Die Rolle der Frau und ihr Selbstverständnis in der NS-Zeit wird auf diesem Foto nachdrücklich vermittelt: Der Nachwuchs wurde unter wehenden Hakenkreuz-Fahnen präsentiert, hier am 1. Mai 1938 am Rennweg. Im Hintergrund die Säulen des Reichsgautheaters, das nach 1945 in „Tiroler Landestheater" umbenannt wurde.

Ein Blick in Arbeitsräume der „Tiroler Loden- und Schafwollwaren Fabrik“ der Firma Franz Baur's Söhne des Jahres 1897 führt dem Betrachter die Situation arbeitender Frauen vor Augen. Die Zentrale der Firma sowie auch die hier dargestellte mechanische Lodenweberei befand sich damals in der Sillgasse (heute Nr. 21) – an der Stelle der im Jahre 1870 abgerissenen Hofmühle am Sillkanal. Die Spinnerei der Fabrik wurde 1889 nach Mühlau (damals noch selbstständige Gemeinde, heute ein Innsbrucker Stadtteil) ausgelagert.

1893 wurde in Innsbruck erstmals die Tiroler Landesausstellung veranstaltet. Sie sollte Innsbruck auch als Wirtschaftsstandort bekannt machen. Nachfolgeveranstaltungen sind die bis heute stattfindenden „Innsbrucker Messen“ – im Übrigen auf demselben Gelände wie schon 1893. Im „Bräuhaus“, einem der Pavillons dieser Ausstellung, wurde Bier aus Pilsen und von der hiesigen Löwenhaus-Brauerei ausgeschenkt. Frauen waren als Kellnerinnen im Einsatz.

Frauen in Ordensgemeinschaften sind aus Innsbrucks sozialem Leben und Schulalltag nicht wegzudenken. Ein Beispiel sind etwa die Barmherzigen Schwestern, deren Mutterhaus sich im Stadtteil Saggen befindet und die sowohl ein Sanatorium als auch eine Schule leiten. Eine Ordenstracht wie im Jahr 1918 wäre heute wohl nicht mehr vorstellbar.

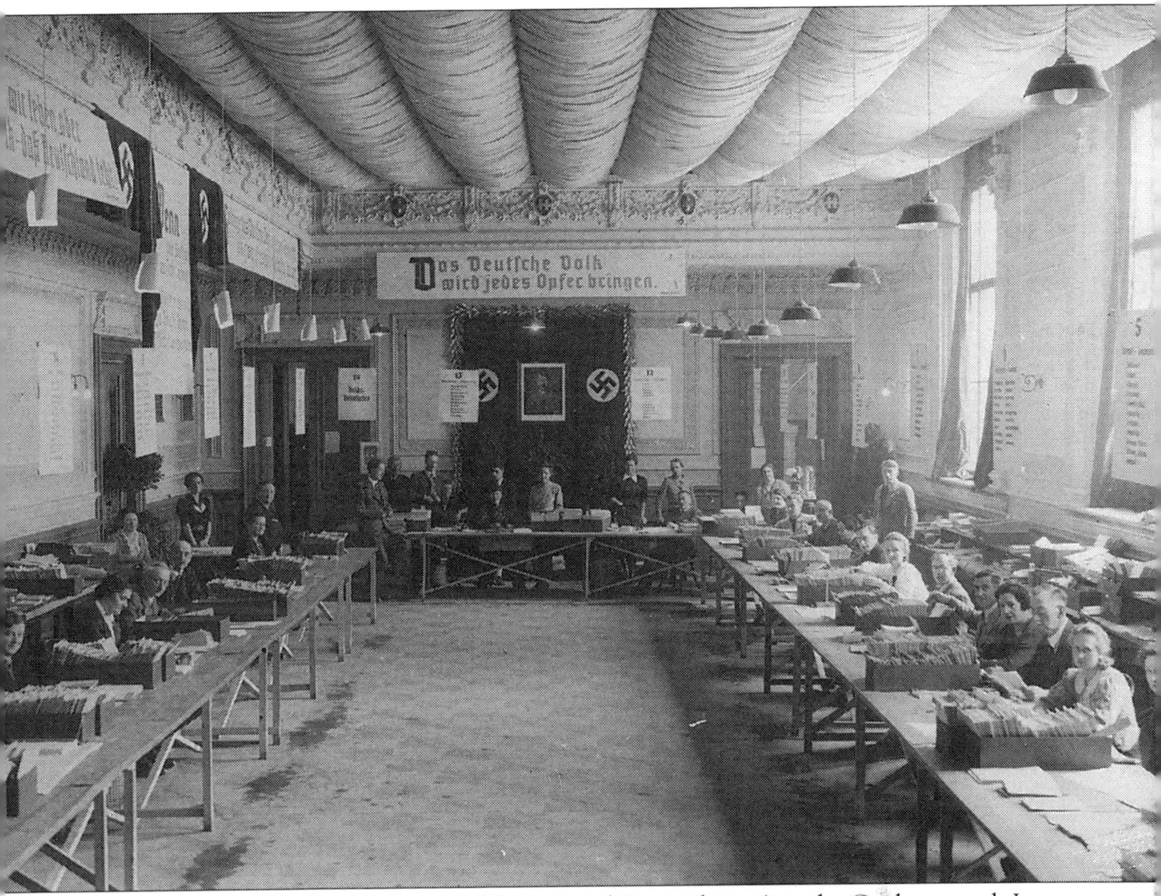

Berufstätige Frauen in der NS-Zeit: Das Karten- und Bezugschein-Amt der Gauhauptstadt Innsbruck, bereits 1940 voll im Einsatz, befand sich im so genannten Kleinen Stadtsaal. Die am Saalende angebrachte Parole „Das Deutsche Volk wird jedes Opfer bringen" könnte schon als unbewusste Einstimmung auf das bittere Ende gedeutet werden.

Die „Devona Sisters“ oder „Sœurs Devona“ – zwei Trapezartistinnen – präsentierten sich 1904 in professioneller Pose. Eine von ihnen, mit bürgerlichem Namen Helene Kuen, stammte aus Innsbruck. Geboren am 21. Juni 1876 verließ sie schon vor 1895 das elterliche Haus, um als Varieté-Künstlerin durch die Welt zu ziehen. 1902/03 noch in vielen Metropolen Europas unterwegs, bereiste sie ab 1904 auch die Vereinigten Staaten von Amerika und trat 1907 sogar in Südamerika auf. Spätestens 1915 kehrte Helene Kuen dann wieder in ihre Geburtsstadt zurück und betrieb in der Universitätsstraße eine Obsthandlung. Helene Kuen starb am 21. Juni 1952 in Innsbruck.

Um das Tiroler Volkslied in aller Welt bekannt zu machen, fanden sich in der zweiten Hälfte des 19. Jahrhunderts Gesangsgruppen zusammen. Eine dieser Gruppen, die „5 Klett aus Innsbruck", wurde von Katharina Klett (1873–1955) geleitet und trat ab 1900 (noch als Duett zusammen mit Schwester Gretl) vorerst in Europa und 1909 dann auch in Südamerika auf. Katharina Klett, die „Tiroler Nachtigall", legte bei ihren Darbietungen großen Wert auf Authentizität.

Vermutlich im Rahmen des 100-Jahr-Jubiläums 1825–1925 waren diese Frauen für die Firma Adambräu als Werbeträgerinnen auf einem Festwagen im Einsatz. Angepriesen wurde der Jubiläumsbock, das Lager- und das Märzenbier der Innsbrucker Traditionsbrauerei.

Obwohl das Bild der Frau in der NS-Zeit von ihrer Rolle als Mutter und Ehefrau bestimmt war, wurden Frauen auch zur Propaganda herangezogen: Hier bekleben zwei ein Reklameauto. Die Werbung galt der am 10. April 1938 abgehaltenen Volksabstimmung. Im Hintergrund ein bereits präpariertes Fahrzeug mit dem Plakat „Ein Ja dem Führer", davor ein Steyr 50. Die Szene fand in der Maria-Theresien-Straße statt.

Bei den ersten demokratischen Wahlen zum Nationalrat und zum Tiroler Landtag nach dem Zweiten Weltkrieg am 25. November 1945 spielten bei den Wahlstrategen der Parteien Frauen als Wählerinnen eine deutlich größere Rolle als heute: Dies jedenfalls verdeutlicht eine Plakatwand in der Maria-Theresien-Straße, von der diese Aufrufe der beiden Großparteien stammen.

Dass der Haushaltsalltag von Frauen vor gar nicht so langer Zeit mit großer Mühsal verbunden war, beweist dieses Foto aus den Dreißigerjahren. Eine Frau schwemmt noch Wäsche am Platzbrunnen der Innstraße in St. Nikolaus.

Bis in die Siebzigerjahre des 20. Jahrhunderts gab es im Stadtteil Reichenau die nach seinem Begründer „Bocksiedlung“ genannte Kleinhaussiedlung. Noch in den Fünfzigerjahren war dieses Gebiet – nicht zuletzt, da Wohnungen noch nicht in ausreichender Zahl vorhanden waren – als Wohnsiedlung in Verwendung und bot auf kleiner Fläche Raum für landwirtschaftliche Nutzung und Kleintierhaltung.

5

Kulturelle Bildung – Bildende Kultur

Schauspiel und Musik – Tradition und Brauchtum – Bildung, Forschung, Gesundheit

Der Schützen-Festzug am 9. August 1885 anlässlich des „II. österreichischen Bundesschießens" in Innsbruck vom 5. bis 18. August. Im Bild ist der Festwagen mit dem Bundesbanner umgeben von Innsbrucker und Wiener Schützen zu sehen.

Gruppenaufnahme des I. Innsbrucker Gebirgstrachten-Erhaltungs- und Schuhplattler-Vereins „Alpinia“. Der Verein wurde 1905 gegründet. Die Aufnahme dürfte aus der Gründungszeit stammen. Bemerkenswert ist, dass dieses Foto nicht – wie sonst üblich – in einem Atelier nachgestellt, sondern in der Natur aufgenommen wurde.

Gruppenfoto des „Gebirgstrachten- und Schuhplattler-Vereins d'Inntaler Pradl“ vom 1. Juni 1913. Der Verein wurde 1902 gegründet. Die Fahne ist eine Erinnerung an das 10. Gründungsfest 1912. Daneben ein Wimpel mit der Aufschrift „Gstirt sein ma“.

„Franz Mayr's Tiroler Nationalsänger“ brachten dem Ausland ein eher klischeehaftes Bild der Tiroler Kultur nahe. Ähnliche Gruppen unternahmen Konzertreisen durch ganz Europa und zum Teil auch durch Amerika. Diese Aufnahme entstand 1934.

Halbportrait von Hans Gänsluckner. Er war neben seinem Hauptberuf als Wirt 1886 Mitbegründer und erster Tenor der „Vogelweider“. Dieses „Nationalsänger“-Quartett erregte größtes Aufsehen und bekam sogar das Angebot zu einer Konzertreise nach Amerika. Nach Gänsluckners Tod am 20. Juni 1892 wurden die „Vogelweider“ aufgelöst. Der heute beliebte Kammerchor „Walther von der Vogelweide“ wurde 1946 gegründet.

NOGLER's
AKKORDEON-
ORCHESTER
INNSBRUCK

◄ „Nogler's Akkordeon Orchester" spielte in den Fünfzigerjahren in zahlreichen Konzertsälen Europas. Mit ihm machte der Innsbrucker Anton Nogler das Akkordeon als Volksinstrument populär. Seit 1930 war er in Innsbruck als Musiklehrer tätig, wo er bis zu 400 Schüler pro Woche unterrichtete. Beim internationalen Wettbewerb in Pavia errang er 1951 und 1962 die Weltmeisterschaft. Daneben war er auch als Rallye-Fahrer erfolgreich.

Das Stadtorchester Innsbruck zwischen 1892 und 1898. Im Hintergrund rechts eine Werbung für das „Steyr Waffenrad", auf der Säule im Vordergrund ein Hinweis „Zur Fahrschule". Es kann sich nicht um eine Autofahrschule handeln, sondern um eine Fahrrad-Fahrschule. Die Aufnahme könnte bei den Redoutensälen, den heutigen Stadtsälen, entstanden sein.

◄ Die Triumphpforte mit dem Akzishäuschen an der ehemaligen Ortsgrenze zwischen Innsbruck und Wilten. In der Bildmitte, auf einen Gehstock gestützt, der Bartinger Sepp (angeblich geboren am 31. Jänner 1816 in St. Nikolaus, verstorben am 8. September 1879 in der Nervenheilanstalt Valduna), ein Innsbrucker Original, der zu seiner Zeit auch ein bekannter Dekorations-Maler war.

Blick über den Rennweg Richtung Norden. Das Reiterstandbild Leopolds V. ist bereits vor das Stadtcafé übersiedelt, die Blutbuche dahinter ist jedoch noch nicht gepflanzt. Am linken Bildrand sind die Gebäude der Hofburg und dahinter die der Dogana zu erkennen. Rechts ist deutlich das heutige Landestheater zu sehen. Die Aufnahme stammt etwa aus dem Jahr 1894.

Auf dieser Aufnahme ist das Innere des großen Innsbrucker Stadtsaales in dem Zustand vor der Zerstörung durch den Zweiten Weltkrieg zu sehen. Die Aufnahme stammt möglicherweise aus der Zeit um die Jahrhundertwende. In der Bildmitte die große Orgel aus dem Jahr 1890.

Vor dem Landestheater wurde im September 1934 eine Gedächtnishalle für Engelbert Dollfuß errichtet. Nach Zeitungsberichten bestand das Gerippe der Konstruktion „aus einer Unzahl geliehener Leitern". In der Halle wurde das „Tiroler Ehrenbuch" ausgestellt. Nach nur kurzer Zeit wurde der Bau wieder abgetragen. Die Blutbuche ist am rechten Bildrand schon als stattlicher Baum zu sehen.

Das Konzert des Tiroler Sängerbundes am 10. Dezember 1937 im Innsbrucker Stadtsaal wurde von den jeweils besten Sängern der einzelnen Tiroler Männerchöre bestritten. Der Chor aus 150 Männern wurde von Orchester und Orgel begleitet.

Nach der Zerstörung des Stadtsaales im Zweiten Weltkrieg wurde dem beschädigten Gebäude ein provisorischer Dachstuhl aufgesetzt. Zwei Bomben waren in den großen Saal eingeschlagen und hatten das Dach, die Mauerkronen und die Fußböden vernichtet, bevor sie im Keller detoniert waren. Der kleine Saal und das Kaffeehaus blieben fast unbeschädigt.

Die Tiroler Landesverteidiger waren dem österreichischen Kaiserhaus eng verbunden. Das beweist auch dieses Foto der „Tiroler freiwilligen Landes-Vertheidiger von Anno 1848 mit der altehrwürdigen Spingeser Kriegsfahne von 1797, aufgenommen 1888 zur Feier des 40jährigen Regierungs-Jubiläums Sr. Majestät unseres allergnädigsten Kaisers Franz Josef I.“

Kriegsteilnehmer der Jahre 1848/49 und 1866 fanden sich nach Einführung der allgemeinen Wehrpflicht 1867 in so genannten Veteranenvereinen zusammen. Einer davon war der 1873 gegründete, unter dem Protektorat des österreichischen Thronfolgers stehende „Kronprinz Rudolf Veteranen-Verein". Dessen Ausschuss versammelte sich am 19. Juni 1898 nach dem Herz-Jesu-Gottesdienst zum offiziellen Foto.

„Der berühmteste Traditionsort" in Innsbruck ist der Bergisel, wo der Tiroler Freiheitskämpfer Andreas Hofer vier Schlachten gegen napoleonische und bayerische Einheiten austrug. Kaiserjäger saßen im Juni 1894 versammelt vor dem Andreas-Hofer-Denkmal, das am 28. September 1893 in Anwesenheit Kaiser Franz Josephs I. feierlich enthüllt worden war.

Unter großer Beteiligung von Tiroler Schützenkompanien fand am 2. September 1934 anlässlich des Gedenkjahres an 1809 eine Feldmesse auf der Ferrariwiese in Innsbruck-Wilten statt. Das Abfeuern der Kanone ist hier als Ehrenbezeugung und nicht als Gewaltakt anzusehen.

Pradler Schützen stellten die Ehrenwache bei ihrem ehemaligen Hauptmann Johann Wieser, der am 4. Mai 1903 im 78. Lebensjahr verstorben war. Johann Wieser, dessen Portrait an der Wand hängt, war zu seinen Lebzeiten nicht nur langjähriger Schützenhauptmann, sondern auch Feuerwehrkommandant und Obmann des Kirchenbauvereines in Pradl. Bereits 1848 war er bei der II. Innsbrucker Akademikerkompanie im Einsatz.

Eine Abordnung der Tiroler Kaiserjäger begleitete die feierliche Beisetzung des Feldmarschall-Leutnant von Fenner am 15. Mai 1913. Der Zug bewegt sich hier gerade durch die Leopoldstraße. Franz Philipp Freiherr Fenner von und zu Fenneberg war Begründer und Inhaber des Tiroler Kaiserjäger Regimentes. 1824 in Jaroslaw (Galizien) verstorben und begraben, wurden seine sterblichen Überreste 1913 in die Kreuzkapelle am Bergisel überführt. An ihn erinnerte lange Zeit die nach ihm benannte Fennerkaserne (vormals Klosterkaserne).

Kirchlicher Tradition entspringen die so genannten Ostergräber oder Heiligen Gräber, plastische Darstellungen der katholischen Osterliturgie. Auch in der Alten Pfarrkirche von Hötting wurde 1911 ein Heiliges Grab aufgestellt.

Auch heute noch spielen Fronleichnamsprozessionen im ländlichen wie im städtischen Leben eine wichtige Rolle. In der Pfarre Wilten-West (seit 1952 selbstständiges Pfarrvikariat) fand 1936 die erste Fronleichnamsprozession statt, nachdem 1933 die Seelsorge dieses Gebietes von der Stiftspfarre Wilten getrennt worden war. Der Postkarte ist auch zu entnehmen, dass in Wilten-West der Bevölkerung seit 1931 lediglich eine Notkirche zur Verfügung stand.

Am 17. Mai 1903 feierte der katholische Arbeiterverein für Innsbruck und Umgebung (gegründet 1891) das seltene Fest einer dreifachen Fahnenweihe. Es wurden eine Herz-Jesu-Standarte, eine Schützenfahne und eine Bergsteigerfahne geweiht. Der an die Weihe in der Pfarrkirche St. Jakob anschließende Umzug von Arbeitervereinen aus ganz Tirol mit einer Abordnung aus Bayern führte über die Universitätsstraße in den Stadtteil Saggen zur Villa Coburg (Falkstraße 17).

Um drohende Kriegsgefahr zu bannen, gelobten im Jahr 1796 der engere Landesausschuss in Bozen und die Landstände in Innsbruck dem Heiligsten Herzen Jesu ewige Treue. Diese Verbundenheit wird bis heute am Herz-Jesu-Sonntag erneuert. Zum 100. Jahrestag dieses Schwures wurde 1896 in Innsbruck eine kirchliche (21. Juni) und eine weltliche „Säkularfeier" (27. September) durchgeführt. Der Höhepunkt ersterer war eine Prozession durch die reich geschmückten Straßen der Stadt.

Bei gutem Wetter werden die Höhenfeuer zur Sonnenwende (21. Juni) auch heute noch abgebrannt. Sehr zahlreich waren sie 1932 auf der leicht verschneiten Nordkette zu sehen. Bei genauer Betrachtung ist schräg unter dem Langen Sattel die Feuerschrift „Heil Hitler" mit dem Hakenkreuz und rechts neben der Seegrube ein Kreuz und die Schrift „Gut Pfad" auszumachen.

Der Pestfriedhof in Hötting erinnert an die Pestepidemien, die Innsbruck und das Umland zwischen 1348 und 1635 heimsuchten. 1911 wurde die „Pestfreithofgesellschaft" gegründet, die ein Jahr darauf die Kapelle sowie die Umfassungsmauer errichtete und sich bis zur ihrer Auflösung 1994 der Pflege des Gottesackers annahm. In den Jahren 2000/01 wurde die Anlage durch den Innsbrucker Verschönerungsverein in Zusammenwirken mit zahlreichen Sponsoren großzügig restauriert.

Im Mai 1920 fand die Gründungsversammlung des „Musik-Einigkeitsverbandes der Eisenbahner Innsbrucks" statt. Vor der Bundesbahndirektion in der Claudiastraße 2 fanden sich Proponenten und Mitglieder zusammen, um ein Erinnerungs- und Präsentationsfoto aufzunehmen. Die Bundesbahn-Musikkapelle, wie sie sich heute nennt, spielt noch immer im Reigen mit zahlreichen anderen Innsbrucker Musikkapellen für Gäste und Einheimische auf.

Die Volkstanz- und Volksmusik-Tradition wird seit jeher hochgehalten. Zeugnis davon geben zahlreiche Vereine, die diese Art von Volkskultur pflegen. Ein Beispiel ist das „Gesangsensemble Egger-Rieser", das von 1896 bis 1904 Europa und Nordamerika bereiste. Im April 1904 pachtete das Ehepaar Egger den „Gasthof Bierwastl" am Innrain, wo die Gruppe in der Folge ihre Sanges- und Schuhplattlerkunst zum Besten gab.

Auf eine bewegte Geschichte kann das heute nicht mehr existente erste Innsbrucker Kinder- und Jugendheim, dessen Grundstein am 3. Mai 1920 an der westlichen Ecke Egger-Lienz-Straße – Leopoldstraße gelegt wurde, zurückblicken. Die vom sozialdemokratischen Verein „Freie Schule – Kinderfreunde“ errichtete Betreuungseinrichtung wurde im Zweiten Weltkrieg zerstört. 1972 eröffnete an ihrer Stelle ein Kaufhaus, das schließlich im Jahr 2000 von einem Kinocenter abgelöst wurde.

Während der französischen Besatzungszeit wurde bereits im Kindergarten und in der Vorschule Sprachunterricht erteilt. 1954 gab es in Innsbruck 13 städtische und zehn von kirchlichen Organisationen betreute Kindergärten. Diese Aufnahme von 1955 stammt aus einem Album, das von Mitarbeitern des sozialen Dienstes der französischen Armee in Innsbruck zusammengestellt wurde. Es war General Emile M. Béthouart gewidmet.

Die Doppelhauptschule Pradl war zuerst nach Kanzler Schuschnigg, dann nach Hans Schemm und schließlich nach Dr. Karl Renner benannt. Nach Entwürfen von Theodor Prachensky aus dem Jahr 1928 konzipiert, konnte der Bau erst 1931 begonnen und wegen des Geldmangels erst 1937 fertiggestellt werden.

Am 3. März 1904 datiert diese Aufnahme vom Lehrkörper des „II. Kurses der städt. Höheren Töchterschule Innsbruck“. Das heutige Bundesgymnasium und Bundesrealgymnasium hat seinen Sitz (seit 1898) in der Sillgasse 10. Bemerkenswert sind die Luftaufnahme von Innsbruck im Hintergrund sowie die Tatsache, dass sich im Lehrkörper zwei bedeutende Innsbrucker befanden: Heinrich Hammer (1873–1953), der bekannte Tiroler Kunsthistoriker und Josef Pöll (1874–1940), der auch als Komponist und Mundartdichter wirkte.

Das „Pädagogium“ bzw. die Lehrerbildungsanstalt sind die Vorläufer des heutigen Musisch-pädagogischen Bundes-Realgymnasiums. Bis ca. 1970 wurde an dieser Schule auch eine Übungs-Volksschule geführt. Eine dritte Klasse dieser Grundschule präsentiert sich hier sichtlich stolz – wenn auch ohne die dazu gehörige Lehrerin Paula Rauch. Sie wurde jedoch als zuständige Lehrerin auf der Rückseite des Fotos handschriftlich vermerkt.

Aufnahme der Mittelschul-Verbindung Teutonia aus dem Jahr 1910. Sie wurde am 22. November 1876 von Gymnasiasten in Innsbruck gegründet, obwohl zu jener Zeit jede Vereinsbildung an Mittelschulen verboten war.

1776 zog die 1669 in Innsbruck gegründete Universität in die Gebäude in der gleichnamigen Straße ein. 1924 übersiedelten verschiedene Fakultäten und Institute in das 1912/15 am Innrain erbaute neue Universitätsgebäude; die Theologische Fakultät blieb weiterhin in der Universitätsstraße. Das Bild zeigt vermutlich Vorgänge des Jahres 1904 im Zusammenhang mit der Errichtung der italienischen Rechtsfakultät in der Liebeneggstraße.

Das bis 1922 städtische Allgemeine Krankenhaus wurde in den Jahren 1885 bis 1914 schrittweise aufgebaut. Heute ist es als Allgemeines öffentliches Tiroler Landeskrankenhaus bzw. Innsbrucker Universitätsklinik bekannt. Vor dem Haupteingang zur Chirurgie stellte sich Univ.-Prof. Dr. Hans von Haberer-Kremshohenstein und sein Ärzteteam dem Fotografen. Das Foto ist zwischen 1922 und 1925 aufgenommen worden.

Die vom Land Tirol 1887/90 erbaute Landes-Gebäranstalt in der Schulgasse (heute Michael-Gaismair-Straße 1) diente bis 1924 als Geburtenabteilung des städtischen Krankenhauses. Nachdem die Gebär- und Findelanstalt „Alle Laste“ bei Trient 1883 aufgelassen wurde, übernahm die Innsbrucker Gebäranstalt vermehrt auch deren Funktion. Nach 1924 wurde das Gebäude adaptiert und ist bis heute als Amtsgebäude der Tiroler Landesregierung in Verwendung. Diese Postkarte ist mit 1909 datiert.

Die südlichen Frontlinien des Ersten Weltkrieges lagen nicht allzu weit von der Stadt entfernt. Um die Verwundeten dieses Krieges entsprechend versorgen zu können, war es notwendig, Lazarette einzurichten. Eines davon war das so genannte „Spital Europa“, vor welchem am 8. Juni 1916 dieses Erinnerungsfoto aufgenommen wurde.

Auf dieser Fotografie werden Buben in Wilten verköstigt. Die Postkarte ist auf der Rückseite handschriftlich mit 1923/24 datiert, ebenso sind alle Kinder namentlich angeführt. Bei dem Rundbau am rechten Bildrand handelt es sich um das im Zweiten Weltkrieg durch Bomben zerstörte St.-Bartlmä-Kirchlein. Vermutlich erhielten die Kinder hier von einem Chorherren des Klosters ein warmes Essen.

Gottesdienst im Jahr 1930 in der Chirurgischen Klinik. Ein Altar ist im Eingang aufgebaut. Die Patienten tragen gestreifte Anzüge. Im Bild rechts hält sich eine Gruppe von Nonnen, denen der Pflegedienst lange Zeit oblag, auf. Deutlich zu sehen ist die Bauweise im Pavillonsystem.

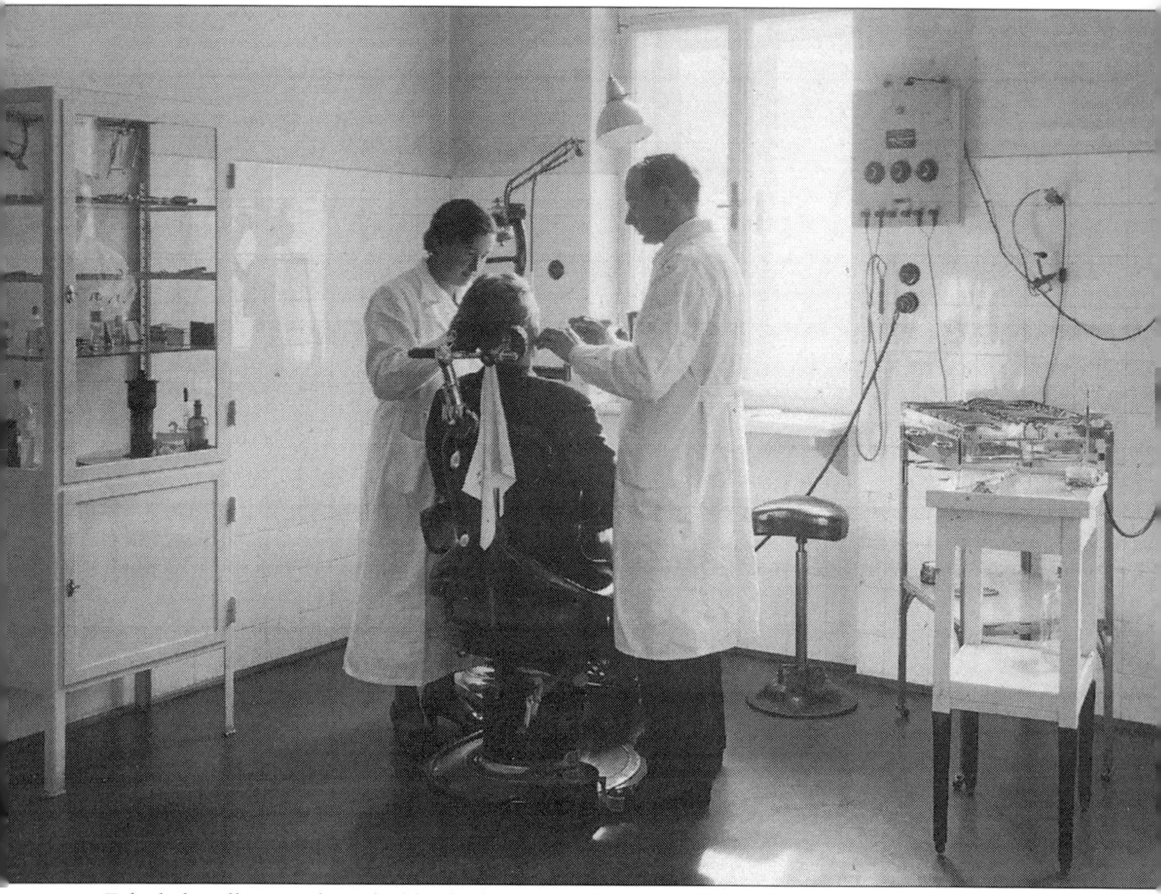

Zahnbehandlung in der Zahnklinik, die um 1935 im Gebäude der Augenklinik untergebracht war. Es scheint, als seien die Bohrer bereits elektrisch betrieben. Die Aufnahme ist bezeichnet mit: „Als Chefarzt im Operationszimmer – das Ambulatorium".

6

Abseits des Alltags: Sport, Freizeit und Tourismus

Gruppenaufnahme des „Innsbrucker Rodelclubs“. Dieser Verein scheint als Mitglieder sowohl Männer als auch Frauen und Kinder aufgenommen zu haben. Ein beliebtes Rodelgebiet war die Gegend um den Rechenhof, wo diese Aufnahme möglicherweise entstanden ist.

Skispringen geht in seinen Anfängen in Tirol auf die Jahrhundertwende zurück. Mit der Tiroler Meisterschaft am 23. Jänner 1927 wurde die Schanze am Bergisel – damals noch ohne Sprungturm – eröffnet. Erst nach baulichen Korrekturen konnte ein Jahr später der Schanzenrekord von 53 Metern aufgestellt werden. Der Anlauf betrug 100 Meter, das Gefälle 32 Meter. Am Gegenhügel stand noch bis 1960 der „Gasthof Buchhof“.

FIS-Rennen 1933: Anton Seelos passiert nach 19 Minuten und 48 Sekunden als Fünfter das Ziel der Spezialabfahrt. Dieser Wettkampf war eine der ersten großen Wintersportveranstaltungen, die große Resonanz in den Medien gefunden haben. In der Zeitung wurden die Zuseher informiert, dass am Rande der Piste mittels Flaggensignalen die Fahrtrichtung angezeigt wird, aber die Fahrer auch aufgefordert werden konnten, ihre Geschwindigkeit zu mäßigen. Seelos gewann bei den Wettkämpfen Gold in Slalom und Kombination.

Skibusse ermöglichten auch in schneearmen Wintern den direkten Zugang zum Schneevergnügen in den umliegenden Bergen. Diese Aufnahme aus dem Jahr 1937 zeigt den Skibus vor der Abfahrt am Bozner Platz. Wie ein Blick auf die Straße zeigt, war die Saison sehr schneearm.

Das Rennbüro für die FIS-Rennen im Jahr 1937 befand sich im alten Landhaus in der Maria-Theresien-Straße. In ihm wurden die ersten zaghaften Versuche einer touristischen Verwertung wintersportlicher Veranstaltungen unternommen.

Sportvergnügen im Winter 1903/1904 am späteren Sportplatz an der Sill bzw. Tivoli-Stadion, heute Tivoli-alt. Die Mannschaften scheinen sich an den Tüchern, die die Spieler über der Brust tragen, zu erkennen. Im Hintergrund die Sillallee und das Areal des heute teilweise aufgelösten Frachtenbahnhofes.

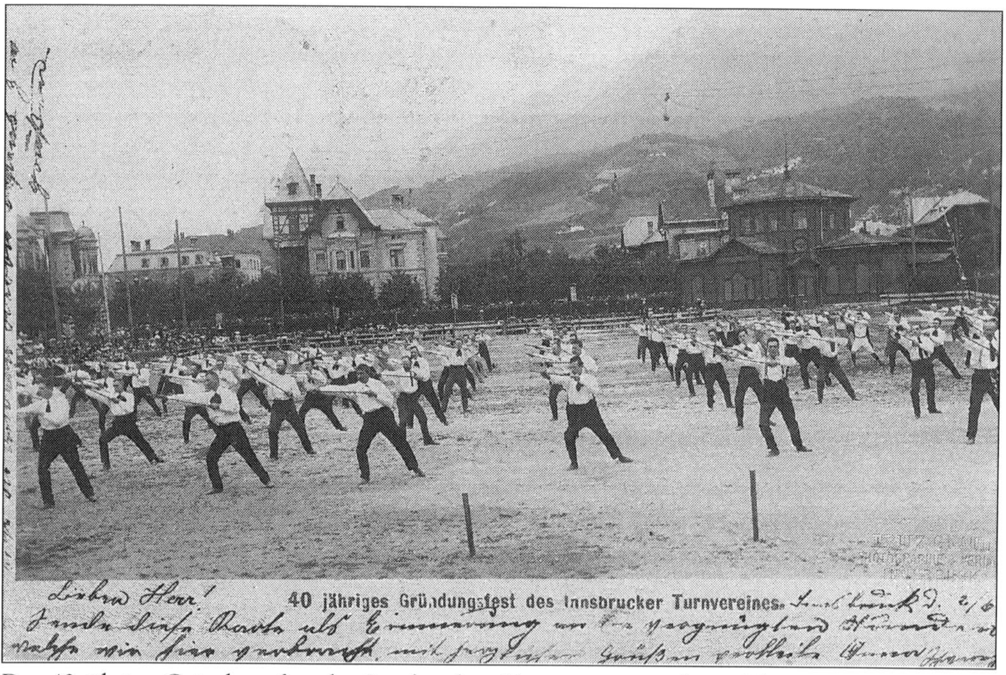

Das 40-jährige Gründungsfest des Innsbrucker Turnvereins wurde zu Pfingsten 1903 auf dem Messegelände mit choreografierten Massenauftritten gefeiert. Gleichzeitig wurde das 3. Gauturnfest des Tiroler Turngaues begangen. Das Wettturnen bestand aus den Disziplinen Reck, Barren und Pferd mit je zwei Übungen. Der Blick geht nach Nordwesten.

Ein Zug von Radfahrern in der Salurner Straße ist auf diesem Bild zu sehen. Im Hintergrund das Postgebäude in der Maximilianstraße, im Vordergrund rechts das Vorgängergebäude des städtischen Dampfbades. Die Aufnahme ist vermutlich 1904 während der Feiern zum zehnjährigen Gründungsfest des Tiroler Radfahrer-Verbandes, jedenfalls aber vor 1907, entstanden.

Das Schwimmbad „Am Gießen" in der Höttinger Au geht bereits in die erste Hälfte des 19. Jahrhunderts zurück. In den 1870ern wurde es beträchtlich ausgebaut. Diese Aufnahme aus der Zeit um 1910 zeigt bereits Kabinentrakte mit allen zu dieser Zeit denkbaren Einrichtungen. Davor steht das Badewärterehepaar. Die nach Geschlecht getrennten Badegäste trugen noch Badekleider.

Die Fußball-Mannschaft des Turnvereins Innsbruck posiert auf dem Platz beim Messegelände im Mai des Jahres 1919. Bei genauerem Hinsehen erkennt man, dass der Spieler in der Bildmitte auf seinem Trikot das Stadtwappen auf dem Kopf stehend angenäht hat.

Die Fahrrad-Sektion des Turnvereins Innsbruck um 1920. Der Sportler in der Bildmitte in der zweite Reihe trägt einen Ehrenkranz für einen Rennsieg in Deutschland.

Die Aufnahme zeigt die Mitglieder des „Automobil- und Motorrad-Klubs Innsbruck“ bei einer Ausfahrt um 1920.

Radfahrer-Riege im „Verein der Deutsch-Südtiroler in Innsbruck“. Die Aufnahme entstand anlässlich von drei silbernen Hochzeiten von Vereinsmitgliedern im Jahre 1929.

Blick in das Strandbad Schönruh ob Amras bei Innsbruck, eröffnet 1929. Rechts im Hintergrund ist ein Sprungturm zu sehen. Hier fanden immer wieder Wettkämpfe statt. Dafür wurde der Sprungturm bei Bedarf um einige Meter erhöht.

Diese Aufnahme eines Hammerwerfers bei der 3. Internationalen Sportwoche Innsbruck vom 14. bis 22. August 1948 am Tivoli-Sportplatz zeigt im Hintergrund deutlich Baracken und noch nicht wieder aufgebaute Wohnhäuser in Pradl. Den Hammerwurf gewann Pasler von der Turnerschaft Innsbruck.

Das alte Schutzhaus am Patscherkofel, das 1887 erbaut und 1888 eröffnet wurde. In Erinnerung an eine Bergtour von Kaiser Franz Joseph I. im Jahr 1848 wurde es nach ihm benannt. Die Aufnahme des bekannten Innsbrucker Fotografen Anton Gratl dürfte kurz nach 1887 entstanden sein.

Die Bodensteinhütte an der Innsbrucker Nordkette. Die Aufnahme könnte noch aus dem 19. Jahrhundert datieren. Auffällig ist, dass von acht abgelichteten Personen vier Pfeife rauchen. Die Hütte wird in einem Bergführer aus 1926 als „primitive Sennhütte" bezeichnet. Sie sei „kein Gasthaus, höchstens dass man ein Glas Ziegenmilch erhält".

Das „Jägerhäusl Höttinger-Alpe" unterhalb des Langen Sattels an der Nordkette. Die Höttinger Alm läßt sich bis ins 13. Jahrhundert zurückverfolgen. Sie wurde von den Bauern als Gemeinschaftsalm bewirtschaftet. Die Gastwirtschaft kommt allerdings in den touristischen Aufzeichnungen sehr schlecht weg. Seit 1938 ist die Stadt Innsbruck Eigentümerin.

Die Kapelle zum Großen Gott ist eine der schönsten Wegkapellen der Stadt. Ihre Anfänge liegen im Dunkeln. Im Zuge von Straßenverbreiterungsarbeiten im Jahr 1963 mußte sie abgebaut werden und 1966 an ihren heutigen Standort an der Abzweigung der Schneeburggasse und des Speckweges verlegt werden. Über die noch nicht verbauten Wiesen von Hötting konnten Rodler und Skifahrer fast bis in die Stadt fahren.

Heiligwasser bei Innsbruck. Die Aufnahme des bekannten Wallfahrts- und Ausflugszieles dürfte um 1890 entstanden sein. Den Ursprung nahm die Verehrung in einer Legende aus dem Jahre 1606, nach der zwei Knaben verloren geglaubtes Vieh durch die Hilfe der Muttergottes an einem Brunnen wieder fanden.

Das „Alpengasthaus Rauschbrunnen" wurde am 9. Jänner 1912 offiziell eröffnet. Es liegt neben dem Standort der zwei Jahre zuvor abgebrannten Ochsenhütte. Im Gegensatz zu den ehemaligen Almen, die erst später zu Gaststätten umfunktioniert wurden, wurde der „Rauschbrunnen" bereits als Gasthof errichtet. Damit nimmt dieses Gasthaus an der Nordkette eine Sonderstellung ein.

1877 wurde am Stempeljoch als erste Innsbrucker Bergsteigervereinigung, die „Wilde Bande" gegründet. Sie hatte nie mehr als etwa 20 Mitglieder, war aber dennoch für den Alpinismus in Innsbruck und Tirol wegweisend. Mitglied des Vereins war auch Oswald Hengst, der als Leiter des Kunstinstitutes der Wagner'schen Druckerei zahlreiche hervorragende Bergplakate entworfen hat. Diese Aufnahme entstand 1925 vor den Herrenhäusern im Halltal.

Der „Waldgasthof Kerschbuch" war bereits in den Dreißigerjahren ein beliebtes Ausflugsziel der Innsbrucker. Von 1928 bis 1935 wurde das Lokal von Ferdinand und Rosalia Schmid geführt. Die älteste Nachricht über den Hof stammt aus 1305, als „Gerspuoch" dem Stift Wilten als Lehensgut gehörte. Diese Aufnahme entstand im Jahr 1932.

Das „Hôtel de l'Europe" gegenüber dem Bahnhof wurde 1868/69 errichtet. Der heutige Südtiroler Platz ist im Gegensatz zur Brixner Straße am rechten Bildrand noch nicht gepflastert, es führen noch keine Straßenbahnschienen über den Platz. Die Gaslampe in der Bildmitte wurde 1894 gegen die ersten elektrischen Laternen der Stadt ausgetauscht. Nach einem Feuer im Mai 1881 wurde das Gebäude aufgestockt. Aus dieser Zeit dürfte das Bild stammen.

„Hôtel-Pension Schloss Mentelberg". Eine einspännige Kutsche diente dem Transport der Hotelgäste. Schloss Mentelberg auf der so genannten Gallwiese geht als Adelssitz auf das Ende des 15. Jahrhunderts zurück. Nach häufigen Eigentümerwechseln gelangte es 1884 in den Besitz von Leopold und Anna Lindner, die dort ein Hotel eröffneten. Bereits 1890 erwarb es Prinz Ferdinand von Bourbon d'Orleans, Herzog von Alençon, der es 1904/05 in seine heutige Form umbauen ließ.

Blick in die Küche des „Gasthofs Breinössl“ um 1909. Die Arbeitsweise unterscheidet sich kaum von heute, wenn auch die Rezepte mitunter sehr üppig waren. Torten beinhalteten nach einem Rezept dieser Zeit 10 bis 12 Eier und 24 Lot (420 Gramm) Butter.

„Speisesaal Hauptbahnhof Innsbruck“. Der Innsbrucker Bahnhof wurde seit seiner Errichtung mehrfach umgebaut und erweitert. Im Bild der Speisesaal im Zustand vor dem Umbau des Bahnhofs um 1923. Bis nach dem Zweiten Weltkrieg befand sich das Restaurant in der Verlängerung der Brixner Straße, die damals noch Rudolf-Straße hieß. Auffällig ist die Vielzahl an Personal, das wiederum einer genauen Hierarchie unterlag.

Die Bergstation der Nordkettenbahn wurde nach Plänen von Architekt Franz Baumann errichtet. Am Bildrand sind noch die Stützen der für den Bau notwendigen Hilfsseilbahn zu sehen. Bald nach der Fertigstellung und Eröffnung im Juli 1928 wurden sie abgebaut.

Der „Gasthof Kranebitten" (ursprünglich Kranabitten) im Westen von Innsbruck war bereits in den Vierzigerjahren ein beliebtes Ausflugsziel für Motorisierte. Auf der Scheune im Hintergrund eine Werbung für den in Innsbruck gastierenden Zirkus Sarrasany. Die Aufnahme stammt aus dem Jahr 1941.

Die Heimat entdecken!
Von Kiel bis Wien,
von Aachen bis Görlitz:
Entdecken Sie Alltagsgeschichten
aus Ihrer Heimatstadt!

Leben in der Großstadt …

Tauchen Sie ein in das quirlige Großstadtleben vergangener Tage. Spazieren Sie über breite Boulevards und stürzen Sie sich ins Nachtleben. Erkunden Sie ihre Stadt durch die Fensterscheiben einer Straßenbahn oder des ersten Käfers und bewundern Sie prächtig geschmückte Schaufenster.

Erinnerungen an die Schulzeit …

Erinnern Sie sich noch an die Zeiten von Abakus und Schiefertafel, an Klassenausflüge oder den ersten Taschenrechner? Blicken Sie zurück auf große Klassen und gestrenge Schulmeister, entdecken Sie auf Klassenfotos Freunde und Bekannte von früher!

Gesellige Stunden im Verein …

Fußballclub und Schützenverein, Musikkapelle und Gesellenverein: Schauen Sie zurück auf Volksfeste und Turniere, Chorproben oder Prunksitzungen. Erinnern Sie sich an schöne Stunden und das gesellschaftliche Leben in Ihrer Heimat.

… und im Familienkreis

Werfen Sie einen Blick in die Wohnzimmer vergangener Tage und entdecken Sie, wie sich zwischen schweren Eichenmöbeln, Nierentischen und Ikea-Regalen der Alltag verändert hat. Erleben Sie Familienfeiern und Weihnachtsfeste im Wandel der Jahrzehnte mit.

www.suttonverlag.de

FSC
www.fsc.org
MIX
Papier | Fördert
gute Waldnutzung
FSC® C083411

Zeitfracht Medien GmbH
Ferdinand-Jühlke-Straße 7
99095 Erfurt, Deutschland
produktsicherheit@kolibri360.de

Druck:
CPI Druckdienstleistungen GmbH
im Auftrag der
Zeitfracht Medien GmbH
Ein Unternehmen der Zeitfracht - Gruppe
Ferdinand-Jühlke-Str. 7
99095 Erfurt

DIE REIHE

Archivbilder

FREIBERG

Werner Lauterbach und Rüdiger Wirth

SUTTON
VERLAG

Sutton Verlag GmbH
Hochheimer Straße 59
99094 Erfurt
www.suttonverlag.de

ISBN 978-3-89702-446-5

Druck: Books on Demand GmbH, Norderstedt, Deutschland

Titelbild: Richard Beck (1858-1919) (Professor für Geologie, Lagerstättenkunde und Versteinerungslehre; Rektor der Bergakademie von 1911-1913) mit seinen Studenten auf Exkursion.

Um 1168 fand man auf dem Gebiet des heutigen Freiberg reichhaltige Silbererze. Sehr rasch entwickelte sich durch den Zuzug vieler Bergleute, Handwerker und Kaufleute die größte Stadt Sachsens. Diese Gesamtansicht von Freiberg stammt von C. Engelmann aus dem Jahre 1865.